AF319034

OBSERVATIONS

Sur l'administration & le commerce des Colonies Françoises, appliquées à celle de Saint-Domingue, avec quelques observations sur l'administration de cette Colonie, liées à un Commentaire sur le tarif destiné à la protection du Commerce National.

PAR LE COMTE DE CUSTINE,

DÉPUTÉ A L'ASSEMBLÉE NATIONALE.

A PARIS,

Chez BAUDOUIN, Imprimeur de L'ASSEMBLÉE NATIONALE, rue du Foin S.-Jacques, N°. 31.

1790.

AVERTISSEMENT.

Persuadé depuis long-temps de la nécessité, pour opérer la régénération complette des finances du Royaume, de donner pour base à ses opérations, & au systême de finance qui en doit résulter, une sage administration de nos Colonies, & un tarif dirigé d'après de saines bases; d'appuyer toutes ces opérations par une Constitution maritime vraiment formidable, je n'ai cessé de m'appliquer à acquérir toutes les connoissances qui pouvoient me donner des idées saines du développement d'un systême fondé en principes liés étroitement, de manière à former un ensemble, à se prêter une force sans laquelle la régénération de nos finances n'étant fondée que sur des palliatifs, ne produira jamais une restauration durable dans les forces de cet Empire.

Je n'ai cessé depuis dix ans de travailler à acquérir des connoissances, à assembler

les matériaux qui m'ont servi à former les
Mémoires que je vais mettre fous les
yeux des Repréfentans de la Nation ;
j'en ai élagué d'immenfes détails , dans
l'efpoir qu'en refferrant ces ouvrages , je
pourrois peut-être trouver des lecteurs.

Je m'eftimerai heureux fi mes réflexions peuvent convaincre quelques bons
efprits , quelques hommes fupérieurs , de
la néceffité de lier le fyftême de la régénération de nos finances à la reftauration
du Commerce, à la protection néceffaire à
lui accorder par un tarif raifonné & fagement conçu , enfin à une adminiftration
de nos Colonies vraiment faite pour les
attacher à leur Métropole ; car je ne
croirai jamais que les défordres partiels
dont on nous parle puiffent tendre à les
féparer de la France : certain d'une part ,
de la juftice des Repréfentans de la Nation, qu'ils ne prononceront jamais aucun
Décret tendant à former une entreprife
fur la fortune des planteurs, & de l'autre,

A 2

connoissant l'exemple terrible qu'il seroit
si facile de faire d'Isles ingrates qui ren-
ferment dans leur sein leurs cruels ennemis, (*les Nègres*), si les propriétaires de
ces Isles méconnoissoient jamais le pacte
qui doit les lier à leur Métropole, ils ne
mériteroient plus que son juste ressenti-
ment, dont l'effet ne tarderoit pas à faire
connoître à ces propriétaires leur haute
imprudence.

Le Mémoire, ou, pour mieux m'énon-
cer, les Réflexions que je projette de
faire imprimer sur la Constitution de la
Marine Françoise, suivront de près la
publication de ces premiers Mémoires.

OBSERVATIONS

SUR

L'ADMINISTRATION

DE LA COLONIE

DE SAINT-DOMINGUE.

J'AI employé le temps que j'ai paſſé dans cette Colonie, à chercher à en connoître les cultures, leurs réſultats, les augmentations dont elles ſont ſuſceptibles ; ces recherches m'ont amené à des converſations avec des hommes inſtruits qui connoiſſent toutes ces Colonies du nouveau Monde, & de toutes les Nations. J'avois eu moi-même occaſion d'en connoître un grand nombre, ayant parcouru avec attention toute l'Amérique ſeptentrionale du nord au ſud, & de l'eſt à l'oueſt ; j'ai parcouru avec la même attention, la même obſervation, les Colonies Eſpagnoles, ſituées dans le Continent méridional, à l'inſtant de la relâche qu'a faite l'Eſcadre du Roi à Porto-Cabello ; je n'ai pas vu avec moins de curioſité la Colonie de

A 3

Curaçao. Les différentes obſervations que j'ai été à portée de faire, tant ſur les inconvéniens qui réſultoient du peu de ſoin que prennent les Adminiſtrateurs des Colonies étrangères, que ſur les points où leur adminiſtration (ſur certaines parties) est meilleure que dans les Françoiſes, m'ont mis à même de former ce Mémoire.

OBSERVATIONS

Sur l'augmentation des Colonies.

On entend ſouvent parler des grands avantages qui pourroient réſulter pour la France, d'acquiſitions nouvelles dans le nouveau Monde. Je me garde bien d'être ſéduit par une erreur de cette nature : avant d'augmenter ces Colonies, il faut porter à la plus haute valeur celles que l'on a formées ; car ſans cela l'on ne fait qu'augmenter les moyens de ſe préparer des dépenſes pour la conſervation de pays qui ne ſont d'aucune utilité à ceux qui les poſsèdent. Dans Saint-Domingue ſeul, & dans la partie même qu'y poſsède le Royaume, l'on peut acquérir de nouvelles plantations en ſucre, auſſi conſidérables que celles qui y ſont déjà, ſans qu'il ſoit beſoin, pour y parvenir , d'avoir une grande augmentation de Nègres. Un canal contenant la rivière d'Artibonite , où l'on pratiqueroit de diftance en diftance des éclufes qui ferviroient aux arrofemens & à une navigation qui faciliteroit l'exportation des fucres de cette partie , produiroit à Saint-Domingue une augmentation de richeffes que l'on ne pourroit fe flatter d'obtenir par les fuccès de plufieurs guerres. Cette opinion eft générale dans la Colonie même , où les plus grands propriétaires cultivateurs ne trouvent d'autre inconvénient , que celui de voir tomber le prix des fucres par l'augmentation de la denrée.

La crainte de la diminution du prix des fucres peut influer fur un Colon avide qui , fpéculant avec peu de jufteffe , craint la diminution momentanée de fon revenu : mais une adminiftration fage doit connoître que les Colonies rivales font loin de la fertilité des nôtres ; que fondées fur de mauvais principes , elles fe font obérées avant d'être en valeur. A chaque paix les fpéculateurs , en Angleterre , voyant les Domaines de la Couronne accrus par les ceffions qui lui avoient été faites , fe font empreffés de prodiguer à de nouveaux Colons , des fonds pour commencer leurs défrichemens ; les placemens à fix pour cent qu'ils pouvoient faire, les ont aveuglés au point de prodiguer leurs fonds à un Colon qui, par cette facilité, n'a point opéré avec affez d'économie pour reftreindre fes emprunts à leurs juftes bornes.

Le Commerce faififfant les moyens de s'enrichir, a voulu participer aux avantages qu'il voyoit le fpéculateur tirer de fes placemens ; il a porté en abondance dans ces Colonies à peine fondées, tout ce qui pouvoit flatter le goût du Colon ; il en a réfulté qu'avant que les plantations fuffent en valeur, elles étoient grevées de dettes fi confidérables, qu'à peine peuvent-elles être payées par les propriétaires. Si les fucres diminuent, tous ces établiffemens grevés tomberont néceffairement : alors ceux de la France prendront un nouveau luftre ; il eft d'ailleurs à obferver que la population de tous les États s'accroît, que le goût général du thé & café augmente chaque jour la confommation du fucre ; que la Neutralité armée, par la fafacilité de tirer ces objets directement pendant cette dernière guerre, en a accru la confommation. L'on peut juger par ces obfervations que la baiffe du prix des fucres, fi même elle avoit lieu, ne pourroit être que momentanée, & que cette crainte ne doit point arrêter un Administrateur qui spécule avec justesse.

La dépense du creusement du canal de la rivière, ainsi que des canaux d'arrosement, & de leurs écluses, doit porter sur les Habitans ; le Commerce seroit intéressé à leur prêter à un modique intérêt des fonds nécessaires à la construction des écluses ; le plan d'exécution d'un aussi grand projet, veut être examiné par des hommes dont les connoissances soient certaines, afin de prévenir les inconvéniens qui pourroient se rencontrer dans son exécution ; une augmentation de culture de cette nature, qui fourniroit à Saint-Domingue, l'avantage de doubler ses sucreries, seroit sans doute le plus puissant moyen de richesses que pût acquérir le Royaume, & il peut l'obtenir sans effusion de sang.

OBSERVATIONS

Sur les cultures des Colonies.

Une Administration sage ne doit pas moins s'occuper des soins de faire perfectionner les instrumens de la culture, & la culture même, en les simplifiant, que de perfectionner les manufactures, tant de fucre que des différentes plantations.

Les Colonies ont beaucoup plus qu'aucun autre pays, befoin de lumières fur ce point : habitées par une efpèce d'hommes peu adonnés à l'étude & aux grandes réflexions auxquelles s'oppofe la chaleur du climat, elles ont befoin d'être dirigées par les lumières de la Métropole. Grand nombre de Colons ont mis en valeur, à grands frais, des terreins arrachés à la mer, qui produifent des fucres falés, & auxquels il faut donner les procédés néceffaires, pour en extraire les parties falines par la fabrication; ce qu'un Chymifte habile, payé par le Gouvernement dans les Colonies, parviendroit à trouver.

Si même la France faifoit des acquifitions confidérables dans les Ifles du nouveau Monde, avant que d'avoir mis en valeur les Colonies qu'elle y pofsède aujourd'hui, il lui feroit avantageux de fufpendre d'en concéder des terreins, jufqu'à ce que ces Colonies anciennes fuffent en valeur; l'on ne peut fe refufer à l'évidence de cette vérité, furtout fi, fe formant un fyftême fuivi, l'on veut apporter des changemens néceffaires à la loi qui établit l'ordre des fucceffions dans les Colonies.

Le partage de la Colonie Efpagnole à Saint-Domingue, avec la partie de cette Colonie qui appartient à la France , a été fait à l'avantage de cette première Puissance , qui auroit dû céder à la France ce qui étoit occupé par elle à l'époque de la guerre de la succession d'Espagne : il semble que ce qu'elle possédoit à cet instant eût dû faire la base du Traité ; & la France auroit eu droit de le demander à l'Espagne, d'après les sacrifices qu'elle avoit faits pour cette Puissance dans cette guerre dernière , & la cession du Missisipi faite à la fin de l'avant dernière guerre , pour des objets tous recouvrés par les armes du Roi , ou des échanges procurées par nos conquêtes. L'on pourroit demander à l'Espagne un redressement de l'abornement formé , & prendre pour limite dans ce nouvel abornement , depuis les sources de la rivière de Neïbes , jusqu'à celle de la rivière d'Yuna , qui se jette dans la baie de Samana , tirant une ligne droite d'une de ces sources à l'autre , & y ajouter l'Isle de Samana. Les limites naturelles de nos possessions devoient être cette rivière de Neïbes , & celle du Massacre ; mais elles ont été si restreintes , si festonnées , qu'il s'en faut qu'elles soient telles. Ce nouvel arrangement , qui donneroit à la France toute la côte du Nord , ne devroit pas décider à la mettre en valeur , avant d'avoir pourvu à sa défense , & avoir choisi & placé un poſte intérieur dont je parlerai lorſqu'il ſera queſtion de la défenſe de la Colonie.

Mais ayant manqué une occaſion auſſi favorable que l'eût été la paix de 1783, l'adreſſe de la politique de la France & des Adminiſtrateurs de Saint-Domingue, doit être de ménager cet événement, qui, amené de longue main, doit avoir lieu un jour : mais ce n'eſt pas en ſéparant la partie Françoiſe de Saint-Domingue, de la partie Eſpagnole pour le commerce, que l'on peut atteindre à ce but : cette ſéparation n'eſt propre qu'à aigrir les Eſpagnols & à faire faire la contrebande par les deux Nations.

Sur les loix qui régiſſent les ſucceſſions dans les Colonies.

La Coutume de Paris & les partages égaux entre les enfans ſont admis dans nos Colonies, & y règlent l'ordre des ſucceſſions : un inſtant de réflexion fera voir combien peu a été méditée une ſemblable Loi. Elle ordonne les partages égaux entre tous les enfans, dans un pays où tout invite à une nombreuſe population : & comment partager des terreins d'une auſſi modique étendue que ſont les plus belles poſſeſſions des Colonies, quand pour les mettre en valeur, il faut une population si nombreuse en Nègres, & une si grande quantité de bestiaux ? Les terreins qui sont nécessaires pour loger les hommes, & faire pâturer les bestiaux, des subdivisions de ses biens, absorberoient toutes les terres qui pourroient être mises en cultures d'une richesse immense.

Quelle peut donc être la source d'une pareille erreur ? La légèreté des Administrateurs qui ont dirigé la fondation de ces Colonies, & négligé de se faire instruire d'objets aussi intéressans. Il est donc nécessaire de fixer dans les Colonies l'ordre des successions, de la manière suivante : Qu'aucune plantation dont les parts ne pourront pas contenir chacune 120 carreaux de terre à sucre, ne pourra plus être divisée, & il sera établi que dans les plantations dont les parts des cadets ne pourront être de 120 carreaux de sucre en pleine valeur, ils ne pourront en demander le partage, & que la légitime des cadets, dans ce cas, sera fixée à la moitié de la valeur du produit de l'habitation, estimée sur le revenu net des dix dernières années, & que les capitaux leur en seront payés à raison de cent pour dix du produit net de ces revenus. Il doit en être usé de même pour les plantations de café, indigo & autres, à la réserve que ces dernières doivent être compofées au moins de cent quatre vingt carreaux de terre plantés de ces denrées par chaque lot, pour pouvoir être fufceptibles de partage.

Il faut obferver cependant qu'un Gouvernement fage ne doit promulguer cette Loi, que lorfqu'il n'a plus de Colonies à fonder : car jufqu'à cette époque, il faut faire partager le mobilier également entre tous les enfans, & que l'aîné feul retienne les terres ; par-là même, engagé à l'économie, il fe fervira de ces économies pour repeupler fes habitations de Nègres & de beftiaux ; & les cadets, avec leur part du mobilier, formeront de nouveaux établiffemens en achetant des conceffions. A cette loi on pourroit ajouter que l'aîné paieroit, partageable entre les cadets, une fomme de cent livres par carreaux de terre en fucre & indigo, & cinquante par carreaux de terre en café & autres productions de commerce, pour faciliter la formation de leurs nouveaux établiffemens. Faute d'une loi qui établiffe ainfi l'ordre des fucceffions, les partages à l'infini des habitations feront tomber à rien des établiffemens auffi utiles au commerce du Royaume que le font ceux du nouveau Monde, tant par la quantité de matelots qu'ils forment, que par

les objets de commerce dont ils facilitent l'importation & exportation ; mais, pour que ce commerce puiſſe ſe ſoutenir , il eſt néceſſaire de
former d'une manière différente ſes relations de
commerce avec l'Amérique ſeptentrionale.

Cette loi fera un autre bien , celui de rendre
les cadets induſtrieux, & à la France un nombre
de Citoyens accoutumés à entendre former des
ſpéculations, à en connoître les avantages : ceux
d'entr'eux qui ne voudront point ſe livrer à de
nouvelles cultures, vendront leurs Nègres & vien-
dront s'établir dans les Places de commerce du
Royaume , où ils ſe livreront avec grand ſuccès
au commerce des Colonies , dont ils connoîtront
les beſoins.

Obſervations & attentions néceſſaires en formant
des Colonies Nouvelles.

Ce que je viens de peindre de l'état de ces Poſſeſſions, me conduit à parler d'une précaution ſage
& néceſſaire en formant de nouvelles Colonies :
c'eſt d'en établir au vent toutes les premières
conceſſions , de mettre deux années d'intervalle
entre chaque conceſſion de lignes différentes ,
afin que les terres des premières conceſſions ayent

perdu leur infalubrité avant d'en céder de nouvelles fous le vent de ces défrichemens , dont
les premières exhalaifons portent la mort avec
elles.

Il faut auffi exiger des Colons qu'ils placent leurs
habitations aù vent de leurs plantations , & qu'ils
confervent un bouquet de bois qui l'entoure, &
empêche la contagion de gagner leur habitation
& celle des Nègres.

Il eft auffi à obferver que dans les nouveaux
établiffemens, il ne faut faire la conceffion des
terres qu'à prix d'argent , qu'il faut que le prix
en foit modique, & ne doive être payé que fuc-
ceffivement plufieurs années après la ceffion ,
n'exigeant que le quart lors de la ceffion. Par
cet ordre de chofes , l'on évitera l'avidité du
Courtifan pour qui tout eft bon , & qui obtient
plus facilement, fur-tout d'un Prince économe,
une chofe qui ne femble rien coûter à l'État ;
mais qu'en réfulte-t-il ? Que ces terrains reftent
un grand nombre d'années fans être mis en valeur, & ne font par-là d'aucune utilité au Commerce, & par conféquent d'aucun avantage pour
le Gouvernement.

Il faut par la même raifon ne pas former de
conceffion de plus de fix cents carreaux de terre.

Il faut auffi , pour attirer les pluies qui ferti-lifent , conferver au centre des Ifles , dans les parties les plus élevées, un noyau de forêt : ces forêts doivent être confervées pour la Nation , abornées avec foin , & ne jamais être concédées.

L'on doit auffi n'accorder qu'un terme fixe aux Cultivateurs, pour défricher leurs plantations ; & faute par eux d'avoir rempli cette condition, ils doivent être privés de leurs conceffions non défrichées.

Des chemins des Colonies.

Il eft effentiel dans une Colonie d'avoir de beaux chemins, puifque c'eft de leur beauté que dépend la facilité de l'exportation des denrées : par la même raifon il eft jufte que chaque propriétaire n'y contribue qu'à raifon de fes moyens ; mais , comme la ruine d'un Habitant eft l'éloignement de fes Nègres, il faut qu'après répartition égale faite de la tâche donnée à chaque Habitation ; à raifon de fa richeffe , celle dont on a été forcé de donner le fupplément de tâche éloignée, puiffe fe racheter de fon excédent de tâche, en donnant le prix du travail de ce chemin à un Habitant du lieu où fera la répartition , qui fera tenu de le faire faire par fes Nègres au moyen de ce prix. Quant aux ponts, ils doivent être faits à raifon de l'utilité dont ils font pour les quartiers, & le prix doit en être réparti fur les habitations, pour être donné fortant des mains des Propriétaires à l'Entrepreneur; le Gouvernement ne devant y prendre part, que pour l'intérêt des Habitans, & fes prépofés devant furveiller feulement la folidité du travail de l'Entrepreneur.

Il eft même des ponts dans les parties reculées, qui, peu confidérables, peuvent être mis à la charge d'une habitation, qu'on peut par cette raifon alléger de celle des Milices, qui pèfe le plus aux Habitans des Colonies; mais il faut bien fe garder de propofer des contributions fixées pour la confection des chemins: car le Gouvernement, dans un moment de befoin, s'empareroit des fonds attribués à ces confections. Pour fe diffimuler l'injuftice, on fe propofe de les remplacer; les befoins fe multiplient, on affecte les fonds à un autre emploi, les chemins fe détériorent, les corvées reprennent, & l'on n'a fait qu'ajouter un poids de plus à la charge que portoient les Peuples. Cette obfervation eft d'une grande juftefle dans les Colonies éloignées de la furveillance, & où perfonne ne réclameroit pour les Colons.

Quant aux ouvrages qui regardent la défenfe de la Colonie, dans cette claffe doivent être mis les chemins qui n'ont d'autre objet que de conduire aux points de défenfes; il faut que tous les quartiers de la Colonie y contribuent en égale portion, qu'il en foit fait une répartition exacte, que toutes les habitations y fourniffent à leur tour, que ce tour foit réglé par des prépofés dans chaque quartier, & que chaque quartier puiffe auffi prépofer des furveillans pour tenir la main à ce que les Nègres avancent le travail, & ne foient abfens des Habitations que le temps néceffaire.

Il faut auffi fixer dans un pays où les terres font d'une fi grande valeur, & où il n'eft pas même permis, pour la confervation des chemins, de faire le tranfport des denrées pendant les pluies : il eft néceffaire, dis-je, d'y fixer les chemins à une proportion qui ne foit point égale à celle de France; 50 pieds auxquels ils ont été fixés, paroiffent une largeur trop forcée; elle donne à l'Adminiftration un moyen de tourmenter l'Habitant, en l'obligeant de reculer fes haies, & de diminuer fes enclos.

Du fort des Nègres , & des moyens par lesquels il peut être adouci.

Le fort des Nègres est trop malheureux dans beaucoup d'habitations , pour ne pas mériter l'attention la plus grande de la part d'un Gouvernement sage.

Nos Colonies n'ont été fondées , & ne peuvent se soutenir que par les Edits des Rois , qui ont autorisé ceux qui formoient des habitations , à les faire cultiver par des Esclaves Africains ; l'espèce de ceux mêmes qui arrivent des côtes de cette région , ne peut être contenue que par la crainte , puisqu'un grand nombre ne font que des brigands, ou des prisonniers faits dans des guerres , dont les soldats font plutôt des hordes de bandits , que de généreux défenseurs de leur Patrie ; ils étoient tous eclaves dans leur pays , si l'on en excepte quelques enfans vendus par leurs parens , ou enlevés à leurs foyers à l'âge le plus tendre. Mais la servitude dans laquelle il est nécessaire, pour ne point attaquer la propriété du Colon, & maintenir les belles cultures qui font la richesse de l'État , de contenir cette espèce d'hommes qui a besoin d'être conduite , & à laquelle il faut inspirer du respect pour ses conducteurs ; enfin , les engagemens contractés par Louis XIII , de maintenir la servitude des Nègres , doivent être soumis à des règles , & méritent toute l'attention d'un Gouvernement qui ne peut pas refuser un coup-d'œil compatissant au sort malheureux de tant de milliers d'hommes.

Dans presqu'aucune habitation du nouveau Monde, (on en excepte deux ou trois) le Nègre n'a la possession d'aucune femme ; son commerce avec les Négresses n'est qu'un concubinage soumis à la volonté de ses tyrans. Qu'un Blanc, dans une habitation , trouve à son gré une Négresse que son vœu porteroit à se donner à un Nègre , il n'est plus permis à ce Nègre de la regarder ; une grêle de coups devient son partage , jusqu'à ce qu'il y ait renoncé. Un Commandeur même , quoique Nègre , suit cet exemple ; personne ne peut réclamer pour le malheureux opprimé.

Au travail dès l'aube du jour , il n'a que deux heures à lui , depuis cinq heures du matin jusqu'à six heures & demie du soir ; la plupart des maisons destinées à le retirer , sont de si mauvaise espèce , qu'il n'y est point à l'abri des pluies violentes qu'on éprouve sous la Zone Torride.

Sa nourriture eſt plus mal aſſurée encore: dans peu d'habitations, ils ont des vivres fixés, ou des places à vivres, qu'ils puiſſent cultiver dans les inſtans qui leur reſtent à employer à pouvoir à leur ſubſiſtance; preſque dans toutes les habitations elles ſont trop éloignées de leurs caſes pour qu'ils puiſſent y employer les deux heures qui leur ſont laiſſées; & dans grand nombre d'habitations, il n'y a pas même de place à vivres qui leur ſoit deſtinée.

Le travail que l'on exige d'eux eſt au - deſſus de leurs forces; il y a trop peu de cultivateurs pour ce que l'on entreprend de cultiver.

Les outils donnés pour la culture, ſont de médiocre qualité, & peu commodes.

Dans grand nombre d'habitations leurs enfans ſont mal ſoignés, ils le ſont plus mal encore dans leurs maladies: de-là viennent les importations continuelles d'eſclaves dont ont beſoin nos Iſles.

Ces eſclaves, Catholiques Romains pour la forme, ne connoiſſent de la Religion que le Baptême & quelques prières qu'ils n'entendent pas: ils emploient le Dimanche, plutôt à s'occuper de leurs intérêts, qu'à le ſanctifier. Les Miſſionnaires employés dans nos Colonies, qui deſſervent les Cures, ou voient ces déſordres ſans oser en propofer les remèdes, ou font endormis eux-mêmes dans l'oifiveté & la molleffe à laquelle invite le climat : n'ayant aucun fupérieur immédiat, ils n'ont à craindre aucun blâme ; le peu d'enfans de couleur qui exiftent , font abfolument fans inftruction.

L'on donne des libertés dans les Colonies, mais elles font le falaire du vice ; elles fe donnent à des Négreffes qui , par leur art dans la proftitution, ont fu captiver leurs maîtres ; elles rempliffent la Colonie de mulâtres dont le défaut d'éducation n'eft propre qu'à former des débauchés.

Tous ces défordres ajoutent fans doute un grand poids à l'efclavage des Nègres ; & c'eft à l'alléger par des règlemens fages & juftes , que doit tendre une bonne adminiftration ; & l'Adminiftrateur , chargé de les mettre en vigueur, doit unir à une grande juftice une grande fermeté , & employer le moyen de la perfuafion, en pénétrant les propriétaires d'une grande vérité, que leur intérêt perfonnel doit les inviter à exécuter des règlemens qui n'auront pour but que l'augmentation de la population des Nègres , la perfection de la culture , & par conféquent leur véritable richeffe ;

En exigeant que les Blancs des habitations ne

s'emparent d'aucune femme de couleur des habitations dont ils font gérens ; que les Nègres foient légitimement mariés ;

Qu'ils ayent des places à vivres, ou une quantité de vivres déterminée dans les habitations où il n'y a pas de terrain pour en donner ; qu'elles foient augmentées à mefure que leur famille augmenteroit ; que la Nègreffe qui a deux enfans ait dans la femaine un jour libre, outre le Dimanche, pour travailler pour eux ; que quand elle en a trois, elle ait deux jours libres ; qu'à quatre enfans vivans, fon mari en ait un ; qu'à cinq enfans, la femme en ait trois ; qu'à fix elle ne foit plus affujettie au travail à la place, & qu'à huit, fon mari ait deux jours de libres au-delà du Dimanche ; & que, lorfque deux de fes enfans feront en état de travailler à la place, le Nègre puiffe avoir la libre difpofition de fon temps, & foit difpenfé du travail à l'habitation.

Pour inviter le Nègre à la population, nul moyen ne peut mieux feconder les vues d'une adminiftration fage.

A l'appui de ce moyen & pour l'inftruction des Nègres, il devroit y avoir dans chaque Paroiffe, outre le Curé, un Vicaire : le Curé, chaque Dimanche, devroit, avant le jour, être rendu à une habitation de fa Cure, y affembler les Nè-gres, les inftruire, y dire la Meſſe, chercher dans fes inſtructions à leur infpirer l'amour de l'ordre & de la paix, couler à fond toutes les habitations de fa Cure, en y exerçant fon miniſtère de cette manière.

Par ce moyen, un des plus puiſſans que l'on puiſſe employer fur cette efpèce d'hommes grof-fiers, on préviendroit une multitude innombra-ble de maux, tels que les empoifonnemens, les fuicides, & l'on parviendroit à établir un ordre que l'on ne peut fe diſſimuler ne point exifter dans les Colonies.

Des Supérieurs devroient être établis felon l'étendue des Colonies, pour en vifiter les Cu-res, & tous répondre à un Supérieur général, qui devroit n'être établi que pour un temps; & tous convaincus que leur miniſtère doit fe borner à la perfuafion, qu'ils font les Miniſtres d'un Dieu de paix, qu'ils ne doivent prêcher qu'elle; ils contribueroient efficacement au rétabliſſement de l'ordre, & à la profpérité des Colonies.

Le Nègre faifit avec avidité tous les préceptes de la Religion; les cérémonies de cette Religion féduifent fes fens; tous les peuples errans éprou-vent cet effet; les myſtères les étonnent & leur infpirent un grand refpect; cette impreffion leur eft auffi commune avec les peuples fauvages.

Le peu d'habitations où les mariages font légitimes, où les Nègres ont des terres à cultiver pour leurs alimens, non feulement n'ont jamais befoin d'acheter des nègres pour remplacement, & même augmentent leurs cultures en augmentant leur population, mais auffi, peuvent, par l'augmentation de la population, fe défaire des Nègres qui troublent les atteliers & ne leur font d'aucune utilité ; l'on pourroit les tranfporter à l'Efpagnol, dans le Continent.

Le Gouvernement Efpagnol préfère à tout, de livrer fes beftiaux dont nos Colonies ont le plus befoin, tant bœufs que mulets, par échange contre des Nègres qui leur font fi néceffaires, pour le peu de culture auquel ils fe livrent.

Il feroit néceffaire auffi qu'il fût établi, felon la force des Paroiffes, des Maifons d'écoles où, un jour indiqué, tous les enfans nègres du quartier fe rendroient pour apprendre à lire. Cet établiffement, outre qu'il tireroit les Nègres de l'abrutiffement dans lequel ils vivent, rempliroit un objet politique, comme on va le voir.

Le Gouvernement François, s'il fe conduit d'après des principes fages, doit mettre le Nègre

dans le plus grand éloignement de l'Espagnol
& de l'Anglois. Si l'Espagne, aujourd'hui alliée
de la France, devient un jour son ennemie,
comme le principe de ce Gouvernement est d'accorder facilement la liberté aux Nègres, il aura
une grande facilité à les soulever dans les Colonies ; c'est aussi le principe des habitans de toute
l'Amérique méridionale ; & si, comme on doit
le prévoir, cette partie du Nouveau-Monde devient un jour libre, tôt ou tard elle pourroit
tenter une révolution dans les Colonies à sucre,
pour abolir la concurrence de cette culture que
les habitans du Continent méridional ne manque-
ront pas d'envahir.

Il faut bien se garder d'apprendre aux Nègres
à écrire, mais sous le prétexte de leur apprendre
à lire les prières qu'ils recitent, leur faire apprendre à lire, & dans leurs Livres d'école com-
posés des principes d'une morale simple, qu'ils
doivent pratiquer, y semer les récits des
horreurs exercées par les Espagnols dans les conquêtes des parties du Nouveau-Monde qu'ils pos-
sedent ; y raconter celles que même les nouveaux
conquérans ont exercées les uns sur les autres, poussés par la soif de l'or & le fanatisme ;
y mentionner les horreurs des Anglois sur les

Naturels de l'Amérique feptentrionale ; & celles que les nouveaux habitans ont exercées les uns fur les autres, mus par le fanatifme des différentes Religions qui fe font introduites dans le Continent feptentrional.

L'empoifonnement des Sauvages par les Anglois dans du rhum, dans une fête qu'ils leur donnèrent pour figner un Traité d'alliance, ne doit point être oublié.

La perfécution des Presbytériens fur les Quakers, des Anglicans fur les Presbytériens ; l'inimitié de toutes ces Religions pour la véritable Catholique, ne doivent pas non plus être omifes.

Tous ces moyens employés, en même temps que l'on adouciroit le fort des Nègres, peuvent, plus qu'on ne penfe, influer fur la profpérité des Colonies, en ôtant les moyens d'y faire réuffir une révolution qui feroit la ruine du commerce du Royaume.

Il faudroit auffi dans chaque quartier établir un Chirurgien pour y foigner les malheureux Nègres dans leurs maladies, & former un règlement qui obligeât à des Etabliffemens dans chaque habitation, pour qu'on les foignât dans leurs maux, tels que j'en ai vu dans certaines Habitations.

L'on doit profcrire toute liberté pour les mulâtreſſes paſſé l'âge de dix ans, le Gouvernement ne devant point la rendre le tribut de la proſtitution ; & l'on doit s'aſſurer que tous mulâtres & mulâtreſſes qui obtiennent leur liberté, ſont en état de pourvoir à leur ſubſiſtance, ainſi que le veulent les Règlemens, & ont des métiers.

Toutes libertés accordées à des Nègres ou à des Mulâtres au - deſſus de l'âge de dix ans, il faut qu'il ſoit prouvé que ces libertés ſont la récompenſe de la vertu, & que ces preuves ſoient inconteſtables, & faites devant la Juſtice des différens quartiers où ſont ſituées les habitations, & revêtues du certificat du Curé de la Cure où elle eſt ſituée.

Les Nègres ne ſont point reçus en témoignage contre un Blanc, mais au moins devroient - ils l'être entr'eux.

Il devroit y avoir dans les Colonies, des Chimiſtes, des Mécaniciens, des Chirurgiens, des ſujets de l'Ecole Vétérinaire, entretenus pour travailler à la perfection des manufactures, des inſtrumens de culture, & conſacrés au ſoin de la ſanté des hommes & des beſtiaux.

Il ſeroit auſſi néceſſaire que les Chirurgiens fuſſent inoculateurs, & les Nègres inoculés ; la petite vérole en enlevant un nombre infini.

Il devroit enfin y avoir un règlement qui établît dans les différentes cultures, la quantité du terrain que l'on peut faire travailler à un Nègre, afin de ne point excéder ses forces physiques : les Procureurs du Roi dans les différens Districts, doivent être chargés de veiller à l'exécution des règlemens qui mitigent la dureté de l'esclavage des Nègres.

Des Milices des Colonies.

Voyons les détails de défense : je n'ai pu sur ce point prendre que peu de connoissances, n'ayant vu par moi-même que la partie du Cap & celle des Montagnes, ne connoissant le reste que par des Plans & des Cartes.

Les milices sont nécessaires dans les Colonies, & c'est un droit de la Monarchie qu'il y faut maintenir : le Gouvernement les avoit supprimées en 1764, pour une somme que donna la Colonie au Roi ; c'étoit une vue honnête du Ministre, qui vouloit soulager les Colons de ce poids ; mais il suivit trop légèrement la bonté de son cœur : il le sentit, & en revint ; la Colonie continua à avoir la charge, & l'argent resta dans les coffres du Roi.

J'ai développé dans le commencement de ce

Mémoire, comment cet argent pourroit être pré-compté à la Colonie dans le prix de la ceſſion des terrains; ce qu'il eſt de la juſtice du Gouvernement de faire.

Tout Blanc indiſtinctement & tout Mulâtre libre, eſt milicien, lorſque l'on convoque les milices; les habitations reſtent par ce moyen abandonnées aux Nègres.

Il eſt donc néceſſaire qu'à la convocation des milices, il n'y ait jamais que la moitié des Blancs qui ſoit tenue de s'y rendre, mais il ne faut pas qu'ils puiſſent s'y faire remplacer l'un par l'autre.

Il faut que les compagnies de milice des Blancs ou Mulâtres, ſoient compoſées de 200 hommes; que les Officiers de la milice ſoient choiſis par l'élection des quartiers, que le choix s'en renouvelle tous les ſix ans, que l'on préſente trois Candidats au Gouverneur, pour remplir chaque place ſupérieure, parmi leſquels il choiſira; que tous les pourvus de places d'Officiers dans la milice, ſoient confirmables chaque année par le Gouverneur, & que, lorſqu'il n'aura pas jugé devoir confirmer l'élection d'un Officier, il ſoit libre de le remplacer par un Officier à ſon choix, pris dans les Candidats qui lui ſont préſentés pour remplir la place. Il eſt néceſſaire que cette forme foit obfervée , pour faire refpecter les ordres que le Gouverneur donnera pour faire exercer les milices ; car , fi les Officiers ne font qu'au feul choix des Cantons , ils ne choifiront que ceux qui n'affembleront jamais le corps des milices.

Il faut que les milices foient affemblées tous les Dimanches , par compagnie , & à portée d'une Eglife défignée dans chaque quartier , placée le plus au centre.

Il n'y aura jamais que 100 hommes à l'affemblée de la compagnie ; ce qui fait que les miliciens ne feront jamais exercés que tous les quinze jours.

Il faut que les miliciens ayent des uniformes & des armes uniformes , qu'ils foient toujours tenus d'avoir à l'affemblée.

Il eft néceffaire que les milices s'affemblent deux fois par an , par Régiment , pour être infpectées.

Comme elles ne doivent être affemblées que par moitié , chaque milicien ne fera infpecté réellement qu'une fois par an.

Dans les habitations dont le nombre des Blancs eft impair , & par conféquent celles même où il n'y en a qu'un , la quantité impaire fera toujours

jours

jours à la première affemblée, & la quantité paire à la feconde.

Il faut défigner le temps pendant lequel les milices feront exercées, & l'heure précife de leur affemblée.

Il feroit néceffaire que tous ceux qui voudroient être pourvus de places d'Officiers dans la milice, euffent fervi dans les Régimens François en Europe ; ce feroit un moyen d'avoir de bonnes milices, & d'attacher davantage les Créoles à la mère-Patrie, ainfi que de les tirer de l'indolence dans laquelle ils vivent dans leurs habitations.

Des Troupes réglées dans les Colonies.

A cette milice il feroit néceffaire d'ajouter pour la défenfe de la Colonie, dans l'état où elle fe trouve aujourd'hui, trois Régimens de deux bataillons chacun ; & fi l'on y forme un pofte intérieur, & que la Colonie s'augmente par ceffion de terrain fur la partie efpagnole, il faudroit pour la défenfe de cette acquifition un Régiment de plus ces Régimens ne devroient point être fur le pied de paix, mais toujours entretenus fur celui de guerre, à 100 hommes par compagnie, non compris les fix Officiers. Il feroit bien mal vu de la part du Gouvernement d'avoir des Régimens dans ces Colonies autrement conftitués, de même qu'il eft très-mal vu d'avoir des Régimens à demeure dans les Colonies : ils contractent les habitudes & l'indolence du climat, ils forment des liaifons dans la Colonie, qui pourroient en caufer la perte (1). D'ailleurs, le moyen employé aujourd'hui eft très-impolitique; il n'eft perfonne accoutumé à réfléchir fur les objets politiques, que les faux principes de ce moyen ne doivent frapper ; on doit être revenu du préjugé de ne point aller fervir le Roi & fa Patrie au-delà des Mers : il faut qu'ils le foient par-tout où ils veulent l'être, & ils ne doivent point recevoir de conditions du Militaire.

C'eft une erreur bien grande de croire que les Colonies foient meurtrières pour les Européens; elles le font pour des Régimens mal établis & indifciplinés, qui fe livrent à la débauche de la boiffon & des Négreffes, mais elles ne le font que pour ceux-là.

Que les Régimens y ayent des habits courts de drap, fans doublure, des gillets de toile, des culottes & guêtres de même, des capots dans

____

(1) J'ai annoncé cette vérité aux adminiftrateurs en 1783.

les factions de nuit , pour les temps de pluie ; qu'ils foient affujettis à des appels réguliers , ayent des moufticaïres de canevas , une boiffon régulière-ment prife fur le décompte , foient contenus comme les troupes difciplinées doivent l'être , & je réponds que leur confommation ne fera pas plus forte qu'en Europe.

Des défenfes de la Colonie de Saint-Domingue.

Quant aux points de défenfe de la Colonie , à en juger par les batteries établies pour la défenfe du Cap , ils font bien mal pris : aucunes de ces batte-ries ne font placées de manière à voir les points qu'elles doivent battre ; il n'eft point de feux qui fe croifent , l'entrée du port du Cap eft très-mal gardée ; il n'a pour fa défenfe que ce que la na-ture a fait pour lui , une entrée difficile.

Un Fort placé fur les récifs qui font à fleur d'eau , ou fous l'eau vis-à-vis de l'entrée de la paffe dans le port, feroit fa meilleure défenfe.

Ce point ne doit point être , felon moi, celui de la réunion des forces de la Colonie ; il eft pré-fenté par la nature au Mole-Saint-Nicolas ; le lieu eft fain, il eft ifolé ; par conféquent les projets y peuvent être fecrets ; il menace dans vingt-quatre heures les Colonies qui peuvent devenir nos ennemies, il protége également la partie du sud & du nord de la Colonie.

Je ne peux rien dire de la manière de le fortifier, ne l'ayant vu que par des plans ; mais je penfe qu'il eft néceffaire de le faire de manière à reftreindre fa défenfe à un Fort placé vis-à-vis de la Ville, fi l'on peut s'y procurer de l'eau, & à l'établiffement de batteries contre les vaiffeaux.

Mais la réunion des forces de mer & de terre au Cap, eft un des plans le moins militaire qui ait jamais été imaginé : il en a réfulté ce qui devoit naturellement arriver ; en protégeant le feul point de la Colonie, pour la protection duquel la nature avoit tout fait, l'on abandonnoit tout le refte du commerce de la Colonie à la dévaftation des Corfaires, & nommément ce beau pays, & cette grande anfe fituée entre le Cap-Tibéron, & le Mole-Saint-Nicolas.

Le point choifi pour la défenfe de toute la Colonie, fuppofant la defcente, en livrant la plaine du Cap, femble affez bien défendre la patie des montagnes.

Les deux points choifis par M. de Belzunce en 1762, favoir, le pofte de la grande Rivière, & celui du Dondon, font bien défignés : ils n'ont d'autre inconvénient que celui de livrer en totalité la plaine du Cap.

Je crains que le poſte de la grande Rivière ne puiſſe être d'aucune utilité, depuis le nouveau chemin percé pour aller au Dondon.

Une place intérieure, ou une poſition intérieure retranchée, & que l'inſpection du pays peut ſeule indiquer, me paroîtroit mieux ſituée, & plus militairement, aux ſources des eaux de l'Artibonite : j'aurois voulu avoir le temps de le voir par moi-même ; mais les inſtans que j'ai paſſés dans la Colonie ont été trop courts.

Ce Mémoire eſt le réſultat de quinze jours de courſes & de fatigues ; j'en ai employé tous les inſtans à examiner les détails que je viens de tracer, & qui donneront une idée de la plus belle Colonie du monde.

Les Colonies conſidérées relativement au Commerce.

Les Colonies ſont le débouché le plus aſſuré du commerce du Royaume ; elles le deviendront tous les jours davantage; leurs richeſſes augmentant, elles conſommeront plus de productions des manufactures, plus de farine, plus de vin, plus de poiſſon ſalé : l'attention de l'Adminiſtration doit donc ſe diriger de manière à augmenter leur richeſſe pour rendre plus floriſſant le commerce du Royaume, en augmenter les cultures, & par conféquent les revenus de la Couronne; elle doit concilier, par des règlemens fages, l'intérêt du Commerce & celui du Colon.

Le Gouvernement doit encouragement & protection, non-feulement à toutes les branches du commerce, mais plus encore à celles qui intéreffent directement fes Colonies, qui font la fource de fa richeffe.

En même-temps l'Adminiftration doit pourvoir à ce que dans les momens de difette, dans le Royaume, des farines néceffaires aux Colonies, ces Colonies puiffent cependant en être pourvues; ce moyen doit être établi par une grande. liberté de commerce avec les treize Etats unis; mais cette liberté affujétie à des règles & à des impofitions qui, pour les objets que pourroit fournir le commerce de France, faffent pencher la balance du côté du commerce national, lorfque la denrée fera affez abondante en France pour en être exportée pour les Colonies.

Il faut bien fe garder de fe livrer aux fpéculations fauffes & forcées, dictées par l'avidité du Colon, qui ne penfe qu'à fon intérêt; & pour fe convaincre de cette vérité, il ne faut que jeter un coup d'œil fur l'Angleterre, & favoir que la profpérité dont elle a joui pendant tant d'années, elle ne l'a due qu'à fon bill de navigation, qui n'eft autre chofe qu'un règlement fage , qui fait pencher la balance du commerce pour la Grande Bretagne ; il ne faut qu'éviter ce qui fe trouve de forcé dans ce bill , qui a fervi à lui faire des ennemis.

Il faut encore favoir que la nature des Poffeffions Angloifes & Françoifes n'eft nullement la même , & que les Colonies Françoifes jouiffent d'un grand avantage refufé aux Colonies Angloifes , celui de pouvoir faire exporter leurs fucres terrés.

D'après ces principes inconteftables , il faut entrer dans le détail des chofes dont ont befoin les Colonies, & les divifer en trois claffes : celles que la Métropole doit fournir feule , celles que les Etats - Unis peuvent feuls fournir , & celles que les Etats-Unis & la Métropole peuvent fournir en concurrence.

Les premières font les foiries , les toiles peintes , les toiles unies , de coton & de fil , les draperies , les chapeaux , les gafes & les modes , les clincailleries , les bijouteries , l'argenterie , les inftrumens de culture , les vins & les eaux-de-vie, le tabac & les cuirs préparés.

Celles que les Etats peuvent feuls fournir ,

font les bois de conſtruction & de maiſon, les mâtures, les beſtiaux & volailles vivantes, le maïs, l'avoine & les cuirs en vert.

Celles que les Colonies peuvent fournir en concurrence avec la France, ſont les farines, viandes & poiſſon ſalé.

Il eſt très-néceſſaire que la liberté du commerce donnée aux treize Etats-Unis, ſoit étendue ſur tous les ports principaux de la Colonie, & qu'ils puiſſent librement y porter toute eſpèce de marchandiſes, mais avec des impôts ſi forts, qu'ils n'en puiſſent porter aucune de la première claſſe ; en mettre de très-légers pour celles de la ſeconde, & de tels pour celles de la troiſième, qu'ils faſſent pencher (vu le prix naturel de ces denrées dans les Colonies) la balance pour le commerce de France, & qu'ils n'ayent intérêt d'en porter (ainſi que je l'ai déjà dit plus haut) que dans des inſtans de diſette.

Pour les productions des Colonies qui peuvent en être importées, il faut que la même règle ſoit obſervée ; elles doivent être diviſées en trois claſſes : la première compoſée de celles dont les Etats-Unis peuvent ſe fournir directement de nos Colonies ; la deuxième, celles qu'ils ne doivent point pouvoir en tirer ; & la troiſième, celles

qu'il eſt indifférent qu'ils prennent à la Métropole ou à la Colonie.

Cette première claſſe eſt la mélaſſe & le rhum
des rafineries des Colonies ; le Commerce Amé-
ricain doit pouvoir les exporter avec de modiques
impoſitions.

La deuxième doit être le ſucre, le café, l'indigo, le coton, & généralement toutes les denrées dont le Commerce de France doit avoir l'importation dans le Royaume ; elles doivent être
grevées d'impoſitions de telle nature, qu'il ſoit plus
avantageux aux Américains de les venir chercher
en France que de les prendre dans les Colonies.

La troiſième, ſont les objets de commerce portés dans les Colonies par le Commerce de France,
ils ne doivent être grevés à leur ſortie que d'impoſitions très-modiques.

Si l'on ne fixoit que quelques ports de la Colonie pour les échanges avec les Américains, il en
réſulteroit un grand mal pour toutes les parties
de cette Colonie qui ſeroient éloignées de ces
ports. Il faut donner à Saint-Domingue un ſeul
exemple pour faire ſentir la force de cette vérité : que l'on donne au Commerce de l'Amérique le Cap Francois ſeul ; c'eſt la partie du Port-
au-Prince qui en eſt à cent lieues, qui a le plus

befoin de bois de bâtiment , puifque dans cette partie , à caufe des tremblemens de terre , l'on ne peut bâtir qu'en bois.

Il eft d'ailleurs de l'intérêt du Gouvernement de répandre la richeffe également dans toutes les parties de cette vafte Colonie.

Trente domaines doublés en cuivre , entretenus , dont quinze toujours en croifières , fuffiront pour empêcher la fraude , & feroient en même temps utiles à former des marins ; ces bâtimens ferviroient avec fuccès pendant la guerre.

En établiffant plufieurs Villes de commerce dans la Colonie , l'on en rendroit toutes les parties également floriflantes ; on augmenteroit la population des Villes, & par conféquent les confommateurs ; ce qui ne pourroit tendre qu'à rendre le commerce du Royaume floriffant.

Il faut que le Gouvernement s'occupe d'éclairer les Colons fur la manière de rafiner les tafias & de les diftiller , parce qu'alors les Américains préféreroient de les emporter en tafias , & la Colonie auroit par-là un moyen de richeffes de plus. Des Chimiftes envoyés par le Gouvernement dans la Colonie , feroient d'une grande utilité fur ce point ; fans cette précaution , les Anglois enleveront toujours à la France cette branche de commerce ; & il eſt eſſentiel de les primer ſur ce point, puiſque les tafias ſont la boiſſon de tout le peuple en Amérique , & que cette branche de commerce, rendue à l'Angleterre , lui en procureroit d'autres. Il eſt donc néceſſaire de s'en occuper ſérieuſement , ainſi que des moyens de lui faire égaler au moins la réputation du rhum des Colonies Angloiſes.

Pour éviter les fraudes qui pourroient ſe faire entre les François & les Américains, tant pour l'importation que pour l'exportation des denrées, il doit être établi une correſpondance entre les Douanes des ports de la Colonie, & celles des ports de la Métropole ; & que les navires qui n'arriveroient point chargés des effets ſtipulés par leurs lettres , ou qui arriveroient chargés de plus d'effets qu'il n'en eſt mentionné , ſoient tenus de payer l'impoſition double de celle que paye cette denrée vendue à l'Étranger.

Il eſt auſſi néceſſaire d'établir des paquebots de correſpondance, dont les départs ſoient régulièrement fixés & d'un port déſigné , pour ſe rendre chaque mois aux Colonies, & de même des Colonies à la Métropole (1) ; mais pour

____

(1) Il faut que ces bâtimens ſoient légers , deſtinés à

établir cette correspondance & ces paquebots, il ne faut pas faire un traité avec une Compagnie qui ait seule le droit exclusif de porter les lettres sur des bâtimens de quatre cents tonneaux, qui réellement ne sont que des bâtimens de commerce, dont l'objet & l'établissement ne peuvent être propres qu'à enrichir une Compagnie, qui, pour obtenir ce privilége, a sûrement fait des sacrifices. L'inconvénient réel de cet établissement, est d'inquiéter le Commerce, dont tous les bâtimens éprouvent une inquisition toujours fâcheuse, pour les empêcher de se charger d'aucune lettre pour les Colonies ; la pesanteur des bâtimens chargés de porter des lettres, ralentissoit leur arrivée, nuisoit beaucoup aux spéculations de commerce qui, avant tout, doivent avoir pour objet d'être dirigées avec promptitude, car

---

remplacer un domaine dans les Colonies, chaque mois, & sur-tout, que ce ne soient point des bâtimens de commerce, & ressemblant à des hourques, plus propre à porter des marchandises, ce à quoi ils étoient employés, qu'à avoir une marche légère ; but que l'on auroit dû se proposer de remplir en les instituant ; aussi cet établissement n'a-t-il été qu'onéreux, & les bâtimens n'ont-ils jamais pu servir à l'usage auquel on les avoit dit destinés.

c'eſt le ſeul moyen de les rendre avantageuſes aux ſpéculateurs.

Il devroit donc dans les derniers jours de chaque mois, partir de Rochefort un domaine nouveau, qui iroit relever le plus anciennement envoyé dans nos Colonies ; il feroit chargé de porter les états des vaiſſeaux qui partiroient des différens ports pour les Colonies ; ce domaine toucheroit aux Iſles du vent, où il laiſſeroit un paquet, puis il continueroit ſa marche pour Saint-Domingue. Il en feroit uſé de même pour le départ du domaine de cette Colonie, qui rapporteroit les états de Douanes en Europe. Ce vaiſſeau feroit auſſi chargé de porter les lettres des particuliers qui voudroient les adreſſer par lui, ſoit aux Colonies, ſoit en France.

La branche de commerce qui rapporte le moins de richeſſes à ceux qui le font, & cependant la plus utile au Royaume, par l'excellence des matelots qu'elle forme, c'eſt ſans contredit la pêche de la morue, de la baleine, & celle du hareng. Le Gouvernement lui doit donc cet encouragement, de lui fournir des matelots de la marine militaire, formés en eſcouades, & commandés par de bas-Officiers & Officiers, à la charge par les propriétaires des bâtimens qui enverront à la pêche, de fubftanter à leurs frais ces matelots, pendant le temps qu'ils s'en ferviront, ainfi que le Roi le feroit, & à fa décharge, en leur donnant une prime légère, fixée par le Miniftre, & un capot; par ce moyen d'une grande économie pour le Tréfor public, il fe formeroit d'excellens marins qui, lorfque la guerre arrive, ne peuvent & ne doivent pas être employés aux pêcheries.

Cette idée que j'insère dans ce Mémoire, part de la perfuafion où je fuis, qu'il eft impoffible que l'on n'ouvre enfin les yeux fur la Conftitution que doit avoir la Marine Françoife, & qu'on ne lui en forme une telle, qu'elle puiffe faire la loi à toutes les Marines de l'Univers; chofe facile, fi la Nation fent les moyens qui peuvent être entre les mains de l'Adminiftrateur de la Marine, & combien cet inftant de régénération eft favorable pour les mettre en action. Dans les longues traverfées que j'ai faites fur les vaiffeaux, j'ai eu le temps de réfléchir, & la poffibilité d'acquérir des connoiffances fur les perfections ou les inconvéniens de la Conftitution de la Marine du Royaume : mon défœuvrement m'a fait mettre l'un & l'autre par écrit; je les ai rédigés depuis en corps de Mémoire, je l'ai augmenté par les connoiffances que j'ai acquifes de

toutes les Puiſſances Européennes, dont j'ai été
à portée de ſcruter les moyens dans les plus grands
détails.

Il eſt auſſi néceſſaire de prendre enfin le parti
de donner des primes d'encouragement à tous les
objets de commerce qui en ont beſoin, & de ne
plus abandonner le commerce à lui-même.

Je préférerois infiniment, au lieu de donner
des primes d'encouragement, que la Nation s'é-
tant une fois formée une marine militaire, l'on en
donnât des eſcouades au commerce, pour armer
avec plus d'économie pour le Commerçant, les
vaiſſeaux qui feroient les commerces auxquels on
devroit accorder les primes ; les Armateurs ne
feroient tenus qu'à donner une ſolde égale à celle
du Roi, aux Matelots qui leur feroient fournis
par la Marine Royale : qu'elle économie ne produiroit pas pour le Roi une ſemblable diſpoſition, en lui procurant l'avantage de lui former
des Matelots !

Réflexions.

D'après cet expoſé, qui doit faire connoître ce
qu'eſt une auſſi belle Colonie que celle de Saint-
Domingue, on eſt à portée de juger de la valeur

de ces faux raiſonnemens, que j'ai ſi ſouvent en-
tendu faire dans le monde ; (car les erreurs ſe
perpétuent) que la France ne peut point avoir
de Marine, qu'elle ne doit point en avoir, que
c'eſt choſe trop chère ; & cependant elle eſt le
ſeul appui de ſa richeſſe & de ſa véritable grandeur.

La France n'eût-elle même point de Colonies,
pourroit-elle ſe paſſer d'une Marine ? Les Anglois
ne deviendroient ils pas les maîtres de nous interdire juſqu'au cabotage de nos côtes ? Cette
Nation fière & altière n'arriveroit-elle pas, par
cette erreur de l'Adminiſtration, par cet abandon,
à la Monarchie univerſelle? Le ſeul moyen d'y
arriver, en effet, eſt de ſe rendre maître du commerce de toutes les Nations ; car celui-là eſt réellement le Roi de l'Univers, qui règne en deſpote
ſur ſes richeſſes.

Peut-on douter que l'Angleterre exerceroit cet
Empire le jour de la deſtruction de la Marine
Françoiſe? Je le dis avec aſſurance, plus de
Marine, plus de moyens de relever la fortune
de la France.

Il me ſeroit aiſé de prouver que nul pays au monde
n'a plus de facilités que la France de primer par
ſa Marine celles de toutes le Nations, ſi elle ſe

convaincu

convainc qu'aucune marine du monde n'a de Conftitution , & qu'il eft néceffaire d'en donner
une à la fienne.

L'Angleterre , d'une part épuifée , & de l'autre
enorgueillie de fes derniers fuccès , ne pouvoit en
faire autant. (1)

On entend avancer une autre erreur dans le
monde , non moins grande que celle d'abandonner la marine , celle, qu'il fuffit d'une marine pour
foutenir fes Colonies , & que les fortifier eft dé-
penfes fuperflues ; c'eft l'avis du Colon, mais pour-
quoi eft-ce fon avis ? C'eft qu'il lui importe peu
à qui il appartient, & qu'il lui fuffit que fa denrée foit achetée , & pour l'être chèrement, qu'il
faut qu'elle le foit par celui qui , pour le moment , eft le maître des mers , parce qu'il a la
liberté de les exporter: mais l'État ne doit pas
calculer ainfi ; il faut que l'Adminiftrateur voye
que momentanément les mers peuvent n'être
point libres , que la France, engagée dans une

____

(1) Cette réflexion étoit jufte quand j'ai formé ce Mémoire, en 1783 ; mais les fautes multipliées de l'Adminiftration ayant relevé le Commerce d'Angleterre, & par conféquent fa richeffe & fon crédit, fa fituation eft aujourd'hui
ce qu'elle n'auroit jamais dû redevenir.

Obferv. fur l'Adminift. des Colonies.   B

guerre du Continent, peut être diftraite de tourner fes efforts & fes moyens vers la marine ; que le vent, cet ennemi cruel des Navigateurs, peut momentanément mettre fes flottes hors d'état d'agir ; qu'un orage imprévu, formé dans le nord de l'Amérique, peut fondre fur fes Colonies, & qu'alors il eft néceffaire que des forces de terre les préfervent des efforts dirigés contre elle ; qu'il eft donc de néceffité indifpenfable qu'elles ayent des points fortifiés bien choifis. Car quelle feroit l'inconféquence d'une Adminiftration quil aifferoit à fes propres forces, des Colonies qui entretiennent la navigation de plus de mille vaiffeaux, & qu'une fage adminiftration de dix ans de paix pourroit peut-être doubler, qui rendent au Royaume des cotons pour fes fabriques, le plus bel indigo pour fes teintures, des fucres pour fes rafineries, des cafés qui, ainfi que les fucres, fe verfent dans tous les marchés de l'Europe ; & qui fervent à l'exportation des farines, des vins, des toiles, des foieries, des draperies, des gazes de nos manufactures, fans y comprendre mille autres objets qui font la richeffe des Villes de Bordeaux, de Nantes, & qui fourniffent à la navigation de tous les ports qui ont augmenté & augmenteront tous les jours les revenus du Tréfor public par l'augmentation des douanes; enfin , des Colonies qui doivent faire circuler un jour , en importation ou exportation , beaucoup plus de trois cents millions.

OBSERVATIONS

Pour les provinces intéreſſées a s'oppoſer au reculement des barrières à la frontière extrême du Royaume.

Pour ſe faire une idée juſte de l'intérêt que peut avoir la Nation au reculement des barrières à la frontière du Royaume, ou de laiſſer cette barrière à la frontière qui ſépare les Provinces intéreſſées , l'Alſace , les Evêchés , la Lorraine & le Barrois , des Provinces de la Bourgogne, de la Champagne , du Soiſſonnois , de la Picardie ; il faut d'abord faire précéder ces obſervations d'un raiſonnement qui puiſſe faire connoître le but que l'on doit ſe propoſer par l'établiſſement d'un tarif.

Quel eſt cebut? De défendre le commerce d'un pays , des entrepriſes du commerce de ceux qui l'environnent : c'étoit-là ſans doute l'objet que

Colbert avoit en vue lorfqu'il établit le tarif dans le Royaume.

Partant d'un principe auſſi juſte, auſſi inconteſtable, peut-il être de l'intérêt des Provinces de l'intérieur du Royaume, de ſoumettre celles qui ſont ſéparées d'elles par une barrière, à en ſouffrir le reculement à leur frontière extrême ? Non ſans doute ; car le Royaume n'y a aucun intérêt, puiſque ce n'eſt point contre lui qu'eſt placée la barrière, mais, au contraire, contre les Provinces dont il ſera ſéparé par cette barrière, & que de voir priver, par exemple, quelques-unes de ces Provinces de l'avantage de pouvoir cultiver du tabac, n'en feroit pas payer le prix moins cher au reſte du Royaume qui ne le cultiveroit point. J'ai énoncé le tabac, parce qu'il doit être le ſeul objet de prohibition qui puiſſe exiſter déſormais, & que cet objet de prohibition n'eſt un impôt que pour ceux qui s'y ſoumettent volontairement ; il n'eſt perſonne qui ne ſoit forcé de convenir de cette vérité. Quel eſt donc l'objet important pour le Royaume ? Que toutes les Provinces ayent le même régime d'impoſition, portent également le fardeau de la charge publique. La Nation ne doit certainement pas s'oppoſer à ce que les Provinces qui reſteront ſéparées d'elles par la barrière, portent de plus la furcharge de cette barrière , qui fera abfolument dirigée contre leur induftrie ; car elles n'en tireront pas moins du Royaume toutes les productions de fes manufactures , qui leur arriveront fans droit ; mais lorfqu'elles voudront faire entrer dans l'intérieur de la France les objets fabriqués par leur induftrie , elles rencontreront la barrière , qui fera pefer fur elle une impofition qui fera tout à l'avantage des Provinces de l'intérieur du Royaume. Il ne pourroit y avoir à l'allégation de cette vérité inconteftable , qu'une feule exception : ce feroit fi l'Affemblée Nationale adoptoit le tarif préfenté par M. de Calonne à la première Affemblée des Notables. Ce monument, chef-d'œuvre d'irréflexion , d'inconféquence , n'étoit formé que pour remplir un feul objet, celui d'augmenter pour un inftant la recette du Tréfor royal , en ruinant le Commerce du Royaume : c'eft ce que l'examen fait de ce tarif, dont je vais donner le commentaire , m'a mis à portée de juger. Quel effet produiroit un femblable tarif ? Celui de pefer à-peu-près autant fur les Provinces qui y feroient foumifes , que fur celles dont elles feroient féparées par la barrière.

Je ne puis donc que raifonner fur un tarif fagement dirigé , pour faire connoître à l'Affemblée

Nationale combien peu il lui eſt intéreſſant de reculer les barrières à la frontière extrême des Provinces qui aujourd'hui ſe trouvent ſéparées du
Royaume par la barrière ; & dans cette hypothèſe,
je dirai que pour opérer, l'Aſſemblée Nationale
ne doit conſulter que le vœu des Provinces qui s'op-
poſent au reculement de la barrière ; car le reſte
du Royaume n'a aucun intérêt à l'exiger ; & ſi ces
Provinces ſe trompent ſur leurs véritables avantages, n'eſt-il pas encore préférable pour la Nation, qui n'a aucun intérêt oppoſé, de leur laiſſer
leur erreur, ainſi que l'ancien régime auquel
tiennent ces Provinces ?

Elles ſont placées entre la Flandre Autrichienne,
la Hollande, l'Angleterre, la Haute-Allemagne &
la Suiſſe ; elles ſont l'entrepôt naturel du commerce
que font entr'eux ces divers Etats ; elles ſont atta-
chées à ce commerce, dont elles connoiſſent l'a-
vantage ; elles diſent que la barrière qui ſeroit
placée à leur frontière extrême, aſſujétiroit ce commerce à une gêne qui lui feroit bientôt prendre une autre direction, le tranſporteroit dans
le Palatinat, le pays de Baden & le Brisgaw.

L'on ne quitte point un commerce que l'on
connoît, des avantages dont l'on eſt ſûr, pour
adopter un autre régime qui ne préſente d'a-

vantage qu'en fpéculation dont on peut être déçu.

Que doit-on conclure de ces énoncés? Qu'en effet, fi la Nation adopte un tarif qui puiffe faire profpérer fon commerce, elle n'a aucun intérêt à porter la barrière entre la frontière extrême du Royaume & l'Etranger ; qu'elle doit, au contraire, la laiffer entre ces Provinces qui réclament contre le reculement, & celles du refte du Royaume, puifqu'elles font perfuadées que ce régime eft avantageux à leur commerce, & que rarement l'on fe trompe fur fon intérêt.

Si la Nation adopte un tarif tel que celui préfenté par M. de Calonne à l'Affemblée des Notables, comme dans ce cas il portera également fur les deux parties en-deçà & en-delà de la barrière, en n'en faifant qu'une opération fifcale; alors il importe peu aux Provinces foumifes au tarif, qu'elle foit entre deux Provinces du Royaume, ou à la frontière extrême; mais je me perfuade que l'Affemblée Nationale, pefant dans fa fageffe les avantages d'un tarif bien fait, n'en adoptera qu'un qui puiffe être utile à la richeffe du Royaume.

Partira t-on, pour connoître l'avantage ou les inconvéniens pour l'intérieur du Royaume, du reculement des barrières, des volumes multipliés &

remplis de calculs qui ont été faits pour ou contre cette opération ? J'avouerai qu'après avoir lu ces ouvrages, les avoir médités, je n'y ai trouvé que des affertions pour ou contre, toutes avancées fans preuves, ne préfentant par conféquent qu'un chaos d'idées d'après lefquelles il étoit impoffible de fe former une opinion. Ce qui m'a confirmé dans cette penfée, après y avoir long-temps réfléchi, c'eft que fi des calculs avoient pu démontrer la vérité de l'avantage, pour le Royaume, du reculement des barrières, les Adminiftrateurs qui ont voulu ce reculement, auroient fait imprimer ces calculs, les auroient fait connoître au Public. Pour le dernier Adminiftrateur qui a préfenté le tarif à l'Affemblée des Notables, fon intention n'a pu être problématique pour ceux qui ont lu & médité fon tarif; elle étoit d'augmenter, le plus poffible, les revenus du Roi; & le réfultat final d'un fi beau plan, auroit produit la ruine totale du Commerce du Royaume. Le Traité de Commerce avec l'Angleterre met tout le monde à portée d'en juger; ce n'eft pas que je n'aye cherché à mettre en garde les Adminiftrateurs contre l'effet de ce Traité, ce qui peut fe juftifier par une lettre que j'ai écrite de Lille, à M. le Comte de Vergennes, à mon retour d'un voyage d'Angleterre, où j'avois vu avec obfervation & réflexion les Manufactures de ce pays ; cette lettre fe trouvera à la fuite de cet ouvrage.

Revenons à mon fujet. Si je n'ai pu trouver à fixer mon opinion d'une manière folide dans les ouvrages qui ont été faits pour & contre le reculement des barrières , même dans un rapport fait à l'Affemblée Provincial. de Lorraine , quoique cet ouvrage foit vraiment digne d'admiration par la précifion , la netteté avec laquelle il préfente fes opinions pour & contre cette opération ; j'ai donc dû revenir à chercher dans le tarif propofé les raifons de l'oppofition que mettoient à le recevoir les Provinces qu'on vouloit y foumettre.

Dans cet examen, je me fuis convaincu que ce tarif n'étoit qu'une opération fifcale, qui alloit détruire toute induftrie nationale , au-lieu de défendre les manufactures du Royaume contre celles des pays qui environnent la France.

Partant de cette donnée, j'ai examiné fi les Provinces non-foumifes au tarif, verroient leurs manufactures encore dans l'enfance, fufceptibles d'être pourvues de toutes les matières premières qui leur étoient néceffaires ; & fi les objets de même nature, fabriqués chez l'Etranger , étoient grevés de

droits aſſez forts à leur entrée, pour que les manufactures de ces Provinces puſſent ſoutenir la
concurrence de celles établies chez nos voiſins;
j'ai examiné ſi les bois de futaie, qui font une grande partie de la richeſſe des propriétaires qui ont
ſu ménager cette portion de leur patrimoine, d'un
ſi grand prix, recevroient un accroiſſement de valeur par la prohibition miſe à leur exportation.

J'ai examiné ſi la culture des vignes, qui dans
ces Provinces ſont placées ſur des montagnes qu'il
ſeroit impoſſible d'employer à d'autre culture, qui
fondent la fortune d'une grande partie des Habitans
de ces Provinces, ne ſeroit pas détruite par le tarif; ſi
ce tarif ne produiroit pas le même effet de deſtruction du commerce des moutons étrangers, qui,
après avoir été engraiſſés dans les pâturages de ces
Provinces, y avoir laiſſé leur toiſon, employée dans
leurs manufactures de laine commune, vont ſervir à l'approviſionnement du marché de Poiſſy;
ſi le poiſſon ſalé, les ſucres, que ces Provinces
ne pourroient tirer de la France qu'avec des frais
énormes, vu la cherté des tranſports par terre, ne
contribueroient point à achever la ruine de ces Provinces; ſi, enfin, le commerce de tranſit, auquel
ſont invités ces Provinces par leur poſition dont

j'ai déjà parlé (1), ne seroit pas totalement détruit par l'établissement du tarif à leur frontière extrême.

Un Gouvernement sage ne tarit jamais le plus petit canal qui fournit des moyens de richesses à ses Provinces; il s'occupe, au contraire, à élargir ces canaux; & quand par eux l'or arrive, il devient facile à une Administration éclairée & sage, qui se montre à découvert, de trouver des moyens d'établir des impôts pour fournir à ses besoins.

Si les provinces que l'on veut soumettre au tarif, devoient rencontrer ces avantages dans son établissement, si ce tarif devoit seulement les laisser au même point où il les auroit trouvées; nul doute que ces Provinces ne l'accueillissent alors avec transport. Si, au contraire, il ne leur annonce que la langueur & la misère, que doivent faire ceux qui sont chargés de les représenter? Peindre ce tableau avec franchise & simplicité à une Nation dont l'intention ne peut être de les ruiner & de produire cet effet sans aucune utilité pour elle : où asseoir les impôts après leur ruine, lorsqu'épuisées de nu-

---

(1) Indépendamment de cette position, il faut observer que toutes les eaux de ces Provinces ont leur cours vers l'Etranger, & par conséquent facilitent leur commerce avec lui.

méraire, il ne leur reftera qu'un fol fans culture, des Villages déferts, des Villes fans induftrie?

Ce tableau n'eft point chargé ; rien n'invite ces Provinces à porter les objets de leur fabrication dans l'intérieur du Royaume, fi ce n'eft les draps deftinés à l'habillement des troupes ; & les troupes font dans ces Provinces mêmes. Elles n'ont aucune efpèce de facilités pour leur tranfport dans l'intérieur du Royaume, & la nature leur en a donné pour tranfporter leurs productions en Flandre, en Hollande, dans la baffe & la haute Allemagne, en Suiffe ; & cependant le tarif propofé à l'Affemblée des Notables grève nombre de leurs productions d'induftrie à leur fortie à l'Etranger, fans grever, dans une proportion équivalente, celles qui en arrivent.

Les matières premières, néceffaires aux manufactures naiffantes de ces Provinces, font grevées de droits qui apportent une gêne à leur entrée ; d'autres de ces matières premières en paieront d'affez forts pour les exclure. Il n'eft pas parlé des beftiaux vivans, des plombs, des étaims, qui font fi néceffaires au commerce de ces Provinces : ce filence eft effrayant, puifqu'il laiffe l'arbitraire. Plufieurs objets fabriqués dans ces pays, dont ils font un grand commerce aux foires de baſſe - Allemagne , ſont grevés de droits de ſortie , tandis que les fabrications étrangères de même nature que celles de nos manufactures , ſont grevées de droits trops legers à leur entrée ; enfin , les droits établis par ce tarif ſemblent n'avoir été nuancés que pour aggraver les impôts.

Le commentaire du tarif , qui ſuit ce tableau déſaſtreux , mais vrai , doit achever de convaincre que celui préſenté à l'Aſſemblée des Notables , par M. de Calonne , produiroit la ruine, non-ſeulement de ces Provinces , mais encore de tout le Royaume.

Quel pourroit d'ailleurs être l'avantage pour la Nation de reculer les barrières avant l'expiration du bail actuel de la Ferme générale ? L'on manque de toutes les données néceſſaires pour établir les changemens à faire au bail , d'après le tarif nouveau dont on va eſſayer l'effet ; les Provinces qui n'y ſeront point enfermées , pourront , d'ici à l'expiration de ce bail , ſpéculer elles-mêmes s'il ne ſeroit pas de leur intérêt de demander le reculement à leur frontière extrême. Ne vaut-il pas mieux les convaincre ſi le tarif doit leur être utile , que les forcer d'adopter ce qu'elles perſiſtent à rejeter ? & ſi le tarif doit produire leur ruine , n'eſt-il pas préférable de ne pas la consommer ? sur - tout cette opération n'ayant aucun objet d'utilité réelle pour l'avantage du Royaume.

Si l'on portoit la barrière au Rhin , comment parviendroit-on à se défendre de la contrebande ? Ce fleuve, semé d'isles, ne permettroit pas de pouvoir empêcher l'entrée ni la sortie de toutes les marchandises, sans payer des droits ; &, si le reculement des barrières étoit néceffaire, ne seroit-il pas préférable de placer la barrière au centre de l'Alsace, ce qui laifferoit la culture du tabac à toute la partie de cette Province, qui y est adonnée ?

Comment parvenir à enfermer dans la barrière le Comté de Biftche, entouré sur plus des trois quarts de sa frontière de pays étrangers : une armée de gardes n'empêcheroit pas la contrebande dans ce pays couvert de forêts. En général, lorsque l'on place une barrière, sa véritable pofition est à quelques lieues de la frontière, afin de pouvoir surveiller l'arrivée de la contrebande : cette règle doit s'obferver bien plus encore lorsque la frontière préfente des facilités pour son introduction.

Mais est-il néceffaire d'une barrière pour séparer un grand pays de l'Étranger ? son com-

merce a-t-il befoin de cette protection ? C'eft
ce que je ne crois pas; j'imagine même que cette
vérité touche au moment de frapper par fon évidence. Mon opinion particulière eft que le
Royaume de France, s'il avoit une Marine conf-
tituée comme elle devroit l'être, donnant une
prime & des matelots de la Marine militaire au
commerce des pêcheries, n'auroit pas même befoin d'interdire dans fes poffeffions en Europe,
l'entrée des pêcheries étrangères : au furplus ne de-
vroit-il y avoir que cet objet de commerce
qui feroit fufceptible d'être fujet à des droits.

Avec des Affemblées Nationales, encore quelques années, & ces vérités ne feront plus problé-
matiques.

Je paffe donc à l'examen du tarif propofé à
l'Affemblée des Notables, & aux modifications
qu'il eft indifpenfable d'y faire.

OBSERVATIONS

Sur les modifications à faire pour l'établissement du Tarif.

Extrait de la collection des Mémoires présentés à l'Assemblée des Notables, avec les changemens ou additions à y faire.

[Tous les articles de cet Extrait sont marqués avec des guillemets, & les réflexions de l'Auteur suivent.]

DROITS D'ENTRÉE.

« Les droits d'entrée dans le Royaume sont fixés
» dans la première classe à un quart pour cent ;
» dans la seconde, à deux & demi ; dans la troi-
» sième à cinq, dans la quatrième à sept &
» demi ; dans la cinquième à dix ; dans la sixième
» à douze pour cent.

» Tous ces droits ont été gradués selon le plus

ou

» ou moins d'utilité dont peuvent être pour le
» Royaume les marchandifes qu'il tire de l'E-
» tranger. »

Il devroit y avoir une feptième claffe, qui por-
tât les droits à quinze pour cent ; une huitième,
à vingt, & même à vingt-cinq pour cent fur cer-
tains objets, ainfi qu'il fera facile de le juger dans
le cours de ces obfervations fur le tarif. Il eſt à
remarquer que les gradations qui ont été mifes
fur différens objets, font peu réfléchies, & ne
peuvent être que le réfultat de la légèreté avec
laquelle le tarif préfenté à l'Affemblée des Notables avoit été formé par l'Adminiftrateur qui
étoit en place au commencement de cette Affemblée ; ce dont on fe convaincra facilement par ce
qui fuit.

« Ainfi, l'on a réduit au plus petit droit, à un
» quart pour cent feulement, les objets de la pre-
» mière claffe, qui font les matières premières de
» néceffité abfolue pour nos manufactures & notre
» navigation, tels que les bois de conftruction, les
» munitions navales, les chanvres, lins, cotons,
» laines, poils de toutes fortes, les ingrédiens
» fervant aux teintures, aux papeteries, & autres

» marchandises de même nature, dont on ne peut
» trop favoriser l'importation : on ne les auroit
» foumises à aucun droit d'entrée, fi l'on n'avoit
» pas eu en vue, par cet affujettiffement infenfi-
» ble, de fe procurer une connoiffance exacte de
» ce qui fera importé. »

Rien n'eft fi fage que la difpofition de cet article, mais l'on auroit dû y comprendre les cuirs
en vert, fi néceffaires aux fabrications de nos tanneries, & que nous ne pouvons nous procurer
d'aucune de nos poffeffions coloniales : il eft
cependant certain que le Royaume n'en fournit
pas la quatrième partie de ceux qu'il faudroit à
fes tanneries, quoique ce foit une branche de
commerce & de fabrication que le Gouvernement
devroit s'occuper à relever. L'Edit des cuirs y a
porté une atteinte mortelle; & depuis cette époque, loin que l'on ait rien fait pour appliquer le
remède au mal, il femble que tout ait concouru
à l'aggraver; furcharge nouvelle, aucun foin pour
procurer aux Tanneurs du tan de bonne qualité,
fi précieux pour leur fabrication; traités de commerce vicieux, qui n'ont rempli d'autre objet, fur
ce point, que d'achever de porter le coup mortel
aux tanneries : tel eft le tableau exact de cette

fabrication & de ce commerce dans le Royaume (1).

Il faudroit aussi comprendre dans cette première classe, les terres & cailloux propres à faire de la porcelaine & de la poterie : devroient être aussi comprises dans cette première classe, les cendres, les suifs, les cires jaunes, les peaux en vert, si nécessaires au Royaume pour les différentes fabrications, & dont les productions nationales ne pourront jamais fournir qu'une très-légère partie. D'ailleurs, tous ces objets doivent subir plusieurs préparations avant de pouvoir être employés dans le commerce, & par conséquent des mains-d'œuvre qui enrichiroient le Royaume. Les drogueries pour la médecine devroient être dans cette même première classe : il paroît inhumain de placer ces dons précieux de la na-

---

(1) Pour avoir du tan de bonne qualité, il faudroit que les Ordonnances des Eaux & Forêts autorisassent à ne couper les arbres dont l'écorce est bonne pour les tanneries, qu'à l'époque où la sève y est au point, que les écorces ayent toute leur force ; seul moyen qui puisse procurer de bons cuirs ; & cette époque est à l'instant où la sève montante est dans le corps de l'arbre, & où elle n'est point encore arrivée au point de faire développer les feuilles.

ture dans la quatrième claſſe , & qu'un Gouvernement ſage penſe à ſe faire un tribut de ce qui peut ſervir à rendre la ſanté aux hommes. Tous les beſtiaux vivans , comme chevaux , moutons , bœufs , doivent être auſſi rangés dans cette première claſſe.

« Le droit fixé , pour la ſeconde claſſe , à deux
» & demi pour cent de la valeur , portera ſur
» des objets utiles à l'induſtrie nationale , mais
» moins néceſſaires que ceux de la première claſſe ,
» ou qui ayant reçu une première main d'œuvre
» chez l'Etranger , méritent moins de faveur
» que les matières premières abſolument brutes :
» tels ſont les ſuifs , les cornes , les gommes ,
» les peaux & cuirs en vert , les cendres préparées ,
» les ſoies , les cires jaunes , & autres matières de
» cette eſpèce. »

L'on vient de démontrer ſuffiſamment combien il eſt vicieux d'avoir rangé les cuirs en vert dans cette ſeconde claſſe ; auſſi bien que les peaux , les ſuifs & les cires jaunes, qui ſont dans le même cas ; car le Royaume ne peut pas en fournir la dixième partie de ce qui eſt néceſſaire à ſa conſommation. Rien n'eſt mieux que de comprendre les ſoudes & les ſalins dans cette claſſe ; mais les cendres devroient être renvoyées à la première : les cornes, les gommes, les foies doivent y refter, & il faut y ajouter la cochenille & le bois de campèche fi néceffaire à la teinture.

« L'on a compris dans la troifième claffe, pour
» laquelle le droit eft de cinq pour cent, les ob-
» jets dont on a un befoin moins effentiel, parce
» que le Royaume produit une grande partie de
» ce qui s'en confomme ; tels que les aciers
» bruts, les fruits fecs, les bois de marqueterie,
» les chanvres & lins apprêtés, les pelleteries non
» ouvrées, les cires blanches. »

Tous les articles rangés dans cette claffe y font placés avec juftefle ; mais ne devroit-on pas y trouver auffi un jour l'indigo, lorfqu'une adminiftration fage aura contenu à St.-Demingue la rivière d'Artibonite dans un canal fourniffant à l'exportation & aux arrofemens des terres des habitations, que l'on pourroit employer un jour en fucreries, & qui aujourd'hui le font en indigoterie ?

« Dans la quatrième claffe, le droit eft porté
» à fept & demi pour cent, & on y a compris
» tous les articles d'épiceries, les drogueries pro-
» pres pour la médecine, & autres objets qu'on
» ne peut pas regarder comme de première né-
» ceffité, qui, d'ailleurs, font principalement à

» l'ufage des gens aifés : les dénominations étant
» trop variées, on n'en citera aucune en parti-
» culier. »

Il ne devroit y avoir de compris dans la quatrième claffe que les épiceries, parce qu'en effet
leur confommation eft mal faine, caufe la def-
truction de l'humanité, & ne fert qu'à réveiller
le goût de l'homme endormi dans la molleffe,
& livré aux plaifirs de la table. Dans cette claffe
devroient être auffi compris les fers en barres & en
verges, non travaillés.

« La cinquième claffe, où eft le droit de dix
» pour cent de la valeur, comprend tous les
» objets de fabrique étrangère, qui, entrant en
» concurrence avec les objets de même nature
» qui fe fabriquent dans le Royaume, paroif-
» fent dans le cas d'être chargés d'un droit plus
» confidérable ; tels que l'argent trait & filé,
» l'orfévrerie & la bijouterie, les beures falés &
» fondus, les fers en barres & en verges, les
» fils de chanvre, de lin & de coton, les laines
» filées, les huiles, les vins étrangers. »

Les fers en barres & en verges, rangés dans
cette claffe, font chargés d'un droit trop confidérable, le Royaume n'en fourniffant pas une
affez grande quantité pour fa confommation ;

une semblable disposition ne peut tendre qu'à
faire ouvrir un plus grand nombre de mines
de fer, dont l'exploitation n'auroit d'autre objet
que d'amener la destruction plus prompte des
forêts. Je pense qu'il faut les ranger dans la quatrième classe : peut-être faudroit-il même qu'ils
fussent dans la troisième, jusqu'à l'époque où
ayant ouvert des houillères considérables, l'on
auroit pris l'usage de déphlogistiquer la houille, de
manière à l'employer pour la fonte de ce métal.
Quant à la bijouterie, à l'orfèvrerie, à l'argent
trait & filé, la perfection de cette main d'œuvre
dans le Royaume, le grand nombre d'ouvriers
qui y sont employés, le bénéfice de ce commerce,
devroient décider à les ranger dans une septième
classe, où il paieroit quinze pour cent.

« Enfin la sixième classe, où le droit s'élève à
» douze pour cent de la valeur, ne comprend que
» les objets dont, pour l'avantage de l'industrie
» nationale, il est essentiel de restreindre encore
» l'importation : ces objets sont principalement
» les ouvrages de bonneterie, chapellerie, les
» toiles, les étoffes de laine, de coton & de soie
» de toutes sortes, les papiers & cartons, les
» faïences & porcelaines, les aciers & fers fa-
» çonnés, les clincailleries & merceries, les

» peaux & cuirs tannés & apprêtés, les pelleteries
» ouvrées, les productions de la pêche étrangère,
» les eaux-de-vie & les savons ».

L'on a rangé dans cette claſſe les chapelleries;
on y a confondu les toiles communes & fines,
les étoffes de laine des deux qualités, communes
& fines, les aciers & fers façonnés, les peaux &
cuirs tannés & apprêtés, les objets de la pêche
étrangère, les eaux-de-vie : preuve inconteſtable
du peu d'attention donnée à la manière dont a
été formé le tarif. Les toiles communes, les
draps communs, les chapelleries devroient être
rangés dans ce qui formeroit la ſeptième claſſe,
& payer quinze pour cent : il en devroit être de
même des papiers fins, des aciers & fers façonnés. Quant aux productions de la pêche étrangère, les eaux-de-vie, les cuirs, les etoffes de coton, devroient être rangés dans une huitième
claſſe qui paieroit vingt pour cent.

Les objets que je propoſe de placer dans la
ſeptième claſſe, ont leurs matières premières à
très vil prix chez les Anglois: leurs mains-d'œuvre y ſont ſimplifiées à un tel point, qu'ils peuvent les donner à un prix qui détruira toute concurrence contraire à l'extenſion qu'ils donneront
à ces branches de commerce. L'on en a déjà eu

la trifte expérience. Quant aux objets que l'on propofe de placer dans la huitième claffe , il eft inconcevable qu'un Adminiftrateur qui auroit dû avoir pour objet d'étendre les pêcheries du Royaume , fe foit appliqué, en ne mettant que douze pour cent de droits fur les pêcheries étrangères, à faire tomber celles de la France , tandis qu'elles doivent être l'aliment de fon commerce dans les Colonies , & lui fournir la meilleure & la plus nombreufe efpèce de matelots (1), pour fa Marine militaire pendant la guerre.

---

(1) L'efpèce de matelots des pêcheries eft d'autant plus nécellaire à augmenter, qu'au premier coup de canon qui fe tire dans une guerre, les Nations qui y prennent part ne peuvent plus avoir de pêcheries que fur leurs côtes, que par conféquent la plus grande partie des Matelots de ce commerce reviennent néceffairement à la Marine royale. L'Angleterre, convaincue de cette vérité, s'eft conduite par des principes bien différens de ceux de nos Adminiftrateurs, en excluant du commerce de leurs Colonies les Américains, & donnant des primes pour encourager les pêcheries : tel à été le premier foin de l'Angleterre à la paix , mais les Adminiftrateurs de ce pays ne demandent pas aux Colons fi l'état des payfans eft heureux à Cayenne. Si un jour l'on parvient à avoir un Adminiftrateur affez homme d'Etat , affez aimant le bien , pour donner à fon pays une Confti-

Les peaux & cuirs tannés & apprêtés, qu'en France, par le droit de marque, l'on a grevés d'un impôt destructeur, devroient au moins payer à leur entrée un droit de vingt pour cent, composant une huitième classe ; à peine dans cet instant pourra-t-il mettre les tanneries du Royaume (détruites par la mauvaise administration précédente) à même de pouvoir soutenir la concurrence des tanneries étrangères. Quant aux cuirs façonnés en bottes & souliers, ils devroient être rangés dans une neuvième classe, qui paieroit vingt-cinq pour cent. Si l'on ne prend ces moyens, l'on peut prédire d'avance que la France sera réduite à voir déserter les ouvriers de ses Villes & de ses Manufactures ; ses richesses, absorbées par l'Angleterre, la mettront à même de lui faire une guerre qui lui enlevera ses Colonies, seules traces de la grandeur de puissance à laquelle la France auroit dû arriver, qui aujourd'hui même

---

tution maritime, qui rende impossible à l'Angleterre les moyens de réaliser son ambition de régner sur les mers, l'on auroit de grands moyens par cette Constitution, d'étendre ses pêcheries, de manière qu'aucune Nation ne pourroit entrer en concurrence, pour ce commerce, avec la France.

ne font dans fes mains qu'un moyen fans effet. Les Anglois, depuis la paix , ont eu foin de les fournir de Nègres qui en ont augmenté les cultures , en en fortant tout l'argent que la guerre dernière y avoit laiffé. Cette faute eft le réfultat de l'ignorance de l'Adminiftrateur qui l'a permis , pour éviter l'inconvénient de la tutelle où le commerce tenoit les Colonies Françoifes : en effet profitant de l'exclufif de ce commerce , qui lui étoit réfervé , il ne portoit des denrées de toute efpèce néceffaires à ces Colonies , que ce qu'il en falloit pour en maintenir le prix très-haut. Saifie de cet inconvénient, l'Adminiftration a permis au Commerce Anglois de porter des Nègres dans nos Colonies , en payant 500 liv. de droit par nègre : qu'en eft-il réfulté ? que les différentes Places de commerce d'Angleterre ont fpéculé qu'en envoyant des petits vaiffeaux à la côte de Guinée , qu'en les doublant en cuivre pour accélérer leur marche , ils pouvoient réunir le double avantage de compléter plus vite leur cargaifon , de perdre moins de ces efclaves Africains , que l'ennui des longues traverfées , des longues attentes détruit, & dans le choix defquels ils étoient moins difficiles que nos Négocians. Ces fpéculations leur rendoient leurs nègres moitié moins chers ; ils les vendoient à vil prix, en étoient payés comptant, ne s'inquiétant pas du reproche, se doutant bien qu'un semblable régime ne pouvoit être long. Le Commerce François, étonné d'un tel parti, a long-temps fait entendre ses plaintes sans être écouté ; enfin l'inftant eft venu où la furdité de l'Adminiftration a été forcée de chercher un remède au mal qu'elle avoit produit : elle a accordé en prime au Commerce François, ce qu'elle faifoit payer en droits au Commerce Anglois. A cette époque les Colons étoient fans moyens pour acquitter les nègres qu'on leur portoit ; & alors les habitations infectées des mauvais nègres qu'elles avoient reçues, qu'elles reçoivent encore, & qu'elles payent en envoyant dans des barques leurs fucres & cafés aux vaiffeaux anglois, louvoyant aux vents des Colonies, pendant les nuits longues que l'on a dans ces climats, ne pouvoient plus payer les nègres que fourniffoit le Commerce François.

Pendant que les Anglois pourvoyoient nos Colonies de nègres, les Américains les approvifionnoient de farines, & des denrées qui leur étoient néceffaires : que reftoit-il au Commerce de France ? à porter dans les Colonies quelques barriques de vin, quelques objets de luxe, dont les Négocians avoient peine à se défaire, & plus encore, à former la cargaison qui devoit faire leur retour. L'on avoit, aux mêmes époques, élevé une Compagnie des Indes d'agioteurs qui avoient détruit les espérances & les spéculations des grands ports du Royaume, qui à la fin de la guerre dernière, spéculant que les grands navires qu'ils avoient construits dans ce même temps pour profiter des convois & porter dans nos Colonies les approvisionnemens nécessaires, leur serviroient à faire le commerce de l'Inde, mais déçus de cette espoir par l'établissement de la Compagnie de ce nom, ont voulu s'en servir pour le commerce des Antilles ; & par les raisons que je viens de développer, l'usage de ces vaisseaux a produit leur ruine en ralentissant trop leur retour, & en absorbant par-là leurs bénéfices. Sans avoir prévu la cause de tant de maux, l'Administration sommeillante s'est enfin décidée à établir des domaines commandés par des Officiers de la Marine Royale, pour détruire la contrebande, que le commerce étranger & destructeur, qu'elle avoit introduit, produisoit.

Prévoyant les fautes qui pouvoient être commises, sentant la nécessité de mettre en garde les Administrateurs contre les maux que de sembla-

bles fautes pouvoient produire , je m'étois occupé
de former un mémoire que j'ai remis à la fin de
1785 & au commencement de 1784, à M. le
Comte de Vergennes & à M. le Maréchal de
Caftries , dans lequel je développois les befoins
des Colonies Françoifes , les moyens d'y pourvoir , en éclairant le commerce national , en ba-
lançant le commerce étranger par des droits qui ,
laiffant pencher la balance pour les Négocians
François , ne feroient pour eux qu'un ftimulant ,
mais en empêchant la contrebande dès les premiers inftans par les domaines accompagnés de
barques , qui , par la gêne qu'elles auroient ap-
portée au commerce étranger , n'en n'auroient fait
qu'un point d'émulation pour le Commerce François. Qu'eft-il réfulté de l'omiffion ? les maux accablans que je craignois , la chûte totale du commerce ; il n'y avoit pas , dans les mois de Mai &
Juin 1787 , vingt-cinq vaiffeaux en conftruction
dans les ports de commerce du Royaume ; &
c'eft après tant de maux accablans dont on vient
de faire le tableau fidèle , qu'un Adminiftrateur
en démence propofe un tarif qui doit effectuer
la ruine du commerce déjà commencée ! L'on ne
peut rien dire de trop fort : il faut que le tableau
vrai que l'on vient d'efquiffer , foit affez frap-

pant , pour imprimer la terreur , feule capable d'être le falut de la France.

« Une feptième claffe , où les objets compris » paieront quinze pour cent ».

Les objets compris dans cette claffe feront affujettis à un droit de quinze pour cent , puifqu'en effet, à peine avec un tel droit, pourront-ils foutenir la concurrence des objets de ce genre fabriqués en Angleterre , & chez nos Voifins , la bijouterie , l'orfèvrerie , l'argent & l'or trait & filé , de même que les chapelleries , les toiles communes , les étoffes de laine commune , les aciers façonnés & apprêtés , les papiers fins , les eaux-de vie.

« La huitième claffe eft compofée d'objets » dont l'importation doit avoir un plus difficile » accès , comme nuifant plus aux manufactures » nationales , déjà grevées de grands droits ».

Les objets qui paieroient vingt pour cent , devroient être compofés des peaux & cuirs tannés , de la pêcherie étrangère & caffonnade non-terrée.

« La neuvième claffe doit être compofée d'ob-» jets dont les matières premières grevées, dans le » Royaume , de grands droits, ont reçu une » main-d'œuvre chez l'Etranger ».

Cette neuvième claffe , enfin, devroit être com-

poſée des cuirs façonnés en bottes & en ſouliers,
de même que des draperies en tous genres façonnées, des peaux façonnées en gants & culottes.

Il ne devroit y avoir de proſcription que pour
les toiles de coton peintes, le café; mais toutes
eſpèces de toiles & marchandiſes arrivantes de
l'Etranger, qui ſortiroient du Royaume revêtues
d'un plomb conſtatant qu'elles ont payé le droit
à leur entrée, ſe verroient rendre ce droit à un
demi pour cent près, qui conſtateroit leur ſortie. Que ſi, enfin, ces objets avoient reçu une fa-
çon nouvelle dans le Royaume, aſſurée par une
marque miſe dans le lieu où elle auroit été donnée, & qui coûteroit un demi pour cent; alors, à
leur ſortie, outre les droits rendus, l'on accor-
deroit une prime d'un pour cent; de cette règle
ſeroient exceptés tous les ſucres regardés comme
marchandiſes coloniales, & par conſéquent étrangères; mais lorſque le ſucre auroit été rafiné en
France à la ſeconde période, & qu'il ſeroit réputé
ſeconde qualité, l'on rendroit, à la ſortie du
Royaume, tous les droits perçus à ſon entrée ſur
cette marchandiſe coloniale, même ceux du dó-
maine d'Occident.

« Quant aux articles dont l'introduction eſt
» prohibée, ils ſe réduiſent aux productions coloniales,

» loniales étrangères , & aux toiles de coton
» peintes ».

Il paroît juste que la France, qui fait de grandes dépenses pour le soutien d'aussi belles Colonies que celles qu'elle possède aux Antilles, proscrive l'entrée des cafés étrangers , même des sucres , lorsqu'ils sont une fois terrés. Quant à la cassonnade non-terrée, qui est obligée de subir plusieurs fabrications après son entrée, & qui, après ces fabrications & les droits qu'elle auroit payés, ne pourroit pas circuler dans le Royaume & y soutenir la concurrence de celle de nos Colonies, par les droits auxquels elle auroit été assujettie à son entrée, la France doit en permettre l'entrée aux Provinces qu'elle enferme dans la barrière depuis Thionville jusqu'à Strasbourg. L'éloignement de ces points jusqu'aux anciennes barrières, laisse cet acte de justice sans inconvéniens pour les Finances. Il en est de même pour l'indigo , qui devroit être rangé dans la sixième classe , par la raison que nos Colonies en fournissent trop peu pour la consommation du Royaume, & qu'il seroit très avantageux au Commerce & au Royaume, que les terres employées à en produire à Saint-Domingue, le fussent à produire des sucres; ce qui doubleroit la richesse de la partie de

Observ. sur l'Aminis. des Col. F

cette Colonie, qui eſt ſituée le long de la rivière d'Artibonite. L'entrée de la Cochenille ne
doit pas, par la même raiſon, être défendue,
& ſans doute elle eſt compriſe dans les droits placés au premier article de ce Tarif, ſur les ingrédiens de teinture, puiſque nous ne pouvons nous
procurer de cette teinture précieuſe que par le
commerce, & qu'en nous la procurant avec des
droits modérés, ce ſeroit mettre les manufactures
qui s'établiroient dans ce pays, à portée de tein-
dre elles-mêmes leurs cotons en rouge ; ce qui
leur ſeroit un grand avantage. Il devroit en être
de même du droit ſur le bois de Campêche : tous
ces objets devroient avoir leur entrée ſur toute
l'étendue de la frontière du Royaume ; on ne devroit comprendre dans les prohibitions que les
toiles de coton peintes.

« Les ſucres, cafés & autres productions de nos
» Colonies, continueront de payer les droits du
» domaine d'occident. »

Rien n'eſt plus juſte que les Colonies dont la
protection coûte autant au Royaume, payent un
droit ſur leurs marchandiſes ; rien n'eſt mieux vu
que de leur faire payer ce droit loin du Colon
qui, par cette diſpoſition, ne croit rien payer : on
devroit même l'augmenter, en lui portant, avec
de moindres droits, tout ce qui peut flatter ſon

goût, ainſi que tous les objets néceſſaires à ſa ſubſiſtance. C'eſt d'après ce principe que les droits
des Colonies ſont fixés en Angleterre.

DROITS DE SORTIE.

« L'on a ſuivi les mêmes principes pour dé-
» terminer la fixation des droits de ſortie : ils
» ſeront plus conſidérables ſur les objets qu'il
» eſt de l'intérêt national de retenir, & plus
» modérés ſur ceux qu'il eſt avantageux d'ex-
» porter ; ainſi le droit ne ſera que d'un quart
» pour cent, ſur tous les ouvrages de nos fa-
» briques & manufactures, ſur les productions
» territoriales, dont le Royaume a plus qu'il
» n'en conſomme, ſur les produits de la pêche;
» les eaux-de-vie, les fromages & autres objets
» de ce même genre, dont la première claſſe eſt
» compoſée. »

Rien n'eût été mieux que l'obſervation de ce
qui eſt annoncé par cet article, comme rien n'eſt
plus contraire à tous les principes, à l'extenſion du
commerce, que ce qu'a réaliſé l'Adminiſtrateur
qui a formé ce tarif. Un tarif, pour être juſte,
pour être utile, ne doit avoir pour objet que
d'étendre le commerce, en facilitant l'induſtrie
des Nations, & non le but fiſcal que s'eſt propoſé

celui-ci , & dont le réfultat ne peut être que d'étouffer l'induftrie , la culture , & d'arrêter toutes fpéculations. Il eft facile d'augmenter les revenus d'un Royaume , lorfqu'on trouve le moyen d'y faire circuler l'or à grands flots ; c'eft ce qu'une Adminiftration fage produiroit fur un auffi beau fol que le nôtre : une Adminiftration erronée , au contraire , tarit & defsèche jufqu'aux fources les plus abondantes de richeffes ; cette adminiftration étoit celle de la France. D'où pouvoit naître une femblable erreur , dans un Royaume où il y avoit beaucoup d'hommes éclairés ? C'eft qu'en France on comptoit autant d'autorités royales qu'il y avoit de branches de revenus fifcales ; qu'aucune de ces autorités ne vouloit céder l'une à l'autre ; que toutes tendoient fans ceffe à augmenter la portion de la royauté qui leur étoit confiée, pour étendre en même temps leurs gains ; que des Arrêts du Confeil perpétuellement rendus à la réquifition d'un feul homme , formoient le labyrinthe inextricable de cette autorité , où l'Adminiftrateur des finances lui-même s'égaroit fans pouvoir trouver de fil qui pût le guider. Il ne faut pas fe le diffimuler , la Ferme générale, la Régie générale, les droits réunis , voilà les monftres qu'il falloit terraffer. On n'a qu'à confier tout ce qui eft du reffort des Provinces aux Adminiftrations provinciales, pour en faire le recouvrement & la rentrée ; elles trouveront bientôt le moyen de simplifier toutes ces perceptions ; & laisser à une seule compagnie, composée de douze membres, la ferme des tabacs, les entrées de Paris & des Villes (1), les barrières du Royaume.

L'on peut laisser dans cette classe les objets qui y sont compris ; mais il faudroit y ajouter les bois de construction de la Lorraine & des Evêchés, les bois de Hollande, dont la Marine Françoise ne peut & ne veut pas se servir, vu leur qualité inférieure ; la bijouterie, l'orfévrerie, les modes, les cuirs tannés, les épiceries ; tous les objets tirés de l'Etranger, qui ont payé des droits à leur entrée, qui à leur sortie pour retourner chez l'Etranger, devroient recevoir la totalité du droit perçu à leur entrée, couformément à la facture & au plomb dont ils porteroient encore l'empreinte ; & si ces objets avoient été façonnés & qu'ils eussent des certificats des douanes des Villes où ils auroient été façonnés, comme l'ayant été avec des étoffes ou matières venant de l'Etran-

____

(1) Si l'on propose de laisser les entrées des Villes à une Compagnie, c'est pour empêcher les exceptions de faveur, qui ne manqueroient pas de s'introduire, s'il en étoit autrement.

ger , que ce certificat fût visé par le Bureau in‑
termédiaire du Diſtrict , ils reçuſſent avec la to‑
talité du droit perçu à l'entrée , une prime d'un
pour cent à leur ſortie.

« Dans la ſeconde claſſe, où le droit eſt fixé
» ſur le pied de deux & demi pour cent de la
» valeur , on a compris les objets de fabrication
» nationale , qui n'ont reçu qu'une première
» main-d'œuvre ; tels que les cuivres & les fers
» à demi-façonnés , les drogueries , épiceries , &
» autres productions étrangères qui ont payé un
» droit d'entrée ; l'orfévrerie , bijouterie , & autres
» objets au débit deſquels un droit auſſi modique
» ne paroît pas pouvoir mettre obſtacle. »

Cette ſeconde claſſe ne devroit comprendre que
les cuivres & les fers à demi-façonnés ; il eſt de
la plus grande inconſéquence de charger de droits
droits la bijouterie & l'orfévrerie , que l'Étranger
s'occupe ſans ceſſe à repouſſer : on pourroit ce‑
pendant y laiſſer auſſi les drogueries & les épi‑
ceries , & y ajouter les bois de teinture moulus.

« La troiſième claſſe eſt compoſée des articles
» qui , par l'utilité dont ils ſont pour l'Étranger ,
» y ont un débit aſſez aſſuré pour qu'on puiſſe ,
» ſans inconvénient , les aſſujettir à un droit de
» cinq pour cent de la valeur ; tels que le bray

» gras & liquide, les bois de teinture moulus,
» les fils de lin, de chanvres retorts, ceux de
» coton & de laine, les huiles & les modes. »

Comment un Administrateur ose-t il dire à une Assemblée de Notables d'une Nation, que les modes sont assez utiles à l'Etranger, pour pouvoir être chargées d'un droit de cinq pour cent? Ces superfluités sont en effet l'objet de la folie de ces étrangers, mais la sagesse des Gouvernemens s'occupe sans cesse à les repousser, par les entraves qu'ils mettent à leur accès : elles doivent donc, à juste titre, être mises dans la première classe, & ne payer qu'un quart pour cent. L'on peut sortir de cette même classe les bois de teinture moulus, puisqu'ils ont déjà reçu une préparation nouvelle, qui doit engager le Gouvernement à encourager leur exportation.

« Dans la quatrième classe, où le droit est
» porté à douze pour cent, on a compris les ma-
» tières premières qu'il est important de réserver
» pour nos manufactures, & dont en consé-
» quence, on doit éviter de trop favoriser la
» sortie ; mais qui ne pouvant être considérées
» comme productions territoriales, ou comme
» objets d'échange des articles qui nous sont
» fournis par l'Etranger, méritent cependant d'ob-

« tenir quelque liberté à l'exportation : ces objets
» font les laines non filées, les peaux & cuirs
» fecs & en vert, les matières premières néceffai-
» res pour les teintures & les cotons bruts, fauf, à
» l'égard de ce premier objet, de modérer le
» droit de fortie momentanément, & jufqu'à ce
» que les progrès de nos manufactures leur en
» faffent employer la totalité. »

Dans cette claffe ne devroient être compris ni
les laines, ni les laines filées fous quelques dénominations que ce foit, ni les peaux, ni les
cuirs fecs & en vert ; les cotons feulement pour
un temps, les cotons filés devroient feuls y être
compris, ainfi que les ingrédiens pour les teintures, qui ne font ni cochenille ni indigo ; l'on
va comprendre avec facilité jufqu'à quel point
il eft hors de toute raifon de porter les peaux &
les cuirs en vert dans cette claffe.

La France n'a pas le quart des peaux néceffaires pour la fabrication de fes tanneries ; quoique cette fabrication & cette efpèce de manu-
facture y foit prefque nulle, on grève les peaux
& cuirs en vert de deux & demi pour cent à
leur entrée, de douze pour cent à leur fortie,
ce qui fait quatorze & demi pour cent ; & le droit
de marque des cuirs façonnés dans le Royaume,

s'élève à quinze pour cent. Avec de telles opérations , comment se peut - il qu'il puisse exister
en France un seul Tanneur ? Il y a un demi pour
cent à gagner à n'y pas laisser une peau ; & re-
marquez que ces peaux & cuirs tannés , entrant
dans le Royaume , ne payent , d'après le Tarif
proposé, qu'un droit d'entrée de douze pour cent,
tandis que ceux façonnés dans le Royaume en
payent quinze : je demande où il faut placer un
Administrateur qui a la folie de proposer à l'é-
lite d'une Nation assemblée , un semblable plan
sorti de sa plume. Les peaux & cuirs en vert doivent être assujettis à un droit de vingt pour cent
à leur sortie ; les laines non filées , au même
droit de vingt pour cent; & les laines filées, à un
droit de quinze pour cent.

« L'extrême disproportion qui se trouve entre les
» qualités & les prix des différens vins du crû du
» Royaume, & notamment de ceux de la Guienne,
» n'a pas permis de les classer en raison de leur
» valeur ; mais quant à ces derniers, ils peuvent
» être considérés comme rangés entre la classe de
» cinq pour cent, & celle de douze. Le droit fixé
» à treize livres dix sols n'est pas augmenté sur les
» vins de la Sénéchauffée de Bordeaux , qui sont
» d'une qualité supérieure : il est considérablement

» diminué fur ceux du pays haut, qui font d'une
» qualité inférieure ; le droit eft baiffé d'un quart
» fur les vins de Bourgogne & de Champagne ;
» il eft fi médiocre fur les autres vins du Royaume,
» qu'il ne peut aucunement préjudicier à leur
» exportation. »

Il peut y avoir une raifon politique, en effet,
pour laiffer fubfifter des droits fur la fortie des
vins dans les Provinces Méridionales fur-tout :
la certitude de cette récolte, fon abondance, feroient fans cela abandonner la culture de tous les
grains, pour s'adonner à celle des vins ; la qualité des vins fupérieurs de Bourgogne & de Champagne, peut auffi les rendre fufceptibles du paie-
ment de ces droits : mais pour les vins des Evêchés, du Barrois, de Lorraine, de l'Alface même,
n'étant pas de qualité à pouvoir être grevés d'aucun droit à leur fortie, ils ne devroient être affujettis qu'au droit modique d'un quart pour cent ;
& fi le reculement des barrières avoit lieu, les
vins de Bourgogne & de Champagne ne devroient
point être grevés d'un droit plus fort à leur fortie,
que les vins de ces Provinces.

« Les vins du crû du Royaume obtiennent d'ail-
» leurs une grande faveur, lorfqu'ils font deftinés
» pour la confommation du Royaume, attendu

» que l'on fuprime tous les droits de circulation
» intérieure, qui font prefqu'auffi confidérables
» que ceux de fortie. »

Il n'eft rien à objecter à cet article, qui eft la vérité : mais cette difpofition pour la Lorraine & les
Evêchés, fourniroit bientôt un prétexte pour im-
pofer des droits fur les vins de ces Provinces, qui
deviendroient l'entrepôt des vins de Bourgogne &
de Champagne, fi l'on ne mettoit pas leur droit
de fortie au même taux que ceux des Provinces
que l'on enfermeroit dans la barrière.

« Enfin, il eft des objets dont l'exportation ne
» pourroit avoir lieu qu'en détruifant des manufac-
» tures, & en diminuant l'induftrie nationale ; on
» a cru en conféquence, devoir en prohiber l'ex-
» portation ; de ce nombre font les bois de conf-
» truction, les chanvres & lins, les fils de lin ou
» de chanvre, bis ou écrus, les poils & peaux
» de lièvre, de lapin & de chèvre ; les foies, les
» foudes & cendres, les fuifs, les vieux linges &
» autres articles. »

Quant aux bois de conftruction de la Province
de Lorraine, des Evêchés, d'Alface, la prohibition
de leur exportation en Hollande ne pourroit tendre
qu'à laiffer pourrir ces bois dans les forêts, fans
utilité pour le Royaume ; la marine marchande

même ne voulant en employer aucun, leur qualité étant reconnue très-inférieure. Le pied cube de ce bois ne pèse que 40 à 45 livres, pendant que celui des Provinces Méridionales (de Provence, par exemple) pèse jufqu'à 110 livres le pied cube ; en Languedoc, en Guyenne, dans le Rouffillon, 75 livres ; dans le Charolois & le Nivernois, 60 livres. Il eft donc de l'intérêt de la France de ne pas gêner l'exportation de ce bois, qui fournit une branche de commerce à cette partie du Royaume, & y attire l'argent de l'Étranger : le refte des articles compris dans cette claffe, & dont la prohibition eft prononcée, l'eft avec jufteffe.

Propofition des additions néceffaires à faire au Tarif.

Il devroit y avoir une cinquieme claffe, où les droits feroient portés à quinze pour cent, & dans cette claffe devroient être comprifes les laines filées feulement.

Il devroit y avoir une fixième claffe, où les droits de fortie feroient portés à vingt pour cent ; & dans cette claffe devroient être compris les peaux & cuirs en vert, & les laines de qualité commune. Ce ne pourroit être qu'un tarif dirigé comme celui dont on vient de tracer le plan , qui pourroit être accepté par les Provinces que l'on se propose d'y assujétir : la destruction de la Foraine, & l'établissement d'une libre circulation dans l'intérieur du Royaume , feroient une bien légere indemnité du sacrifice que feroient les propriétaires, & le commerce de ces Provinces, à l'accroissement qui en résulteroit pour les finances du Royaume, qui seules éprouveroient l'avantage d'une semblable opération.

La ruine de ces Provinces seroit consommée, si, avant de porter les barrières à la frontière extrême du côté de l'Etranger, l'on ne commençoit par convertir la Gabelle, dans tout le Royaume, en une imposition personnelle , calculée sur la plus-value du prix qu'auroit le sel marchand , sur le prix actuel du sel dans chaque Province : sans un changement semblable, il est impossible que le tarif porté à la frontière extrême du Royaume , ne consomme pas la ruine des Provinces des Evêchés de Lorraine & d'Alsace ; leur sol ne leur fournit aucune culture dont la richesse puisse les indemniser d'une surcharge aussi grande que seroit pour elles le sel au prix où il est en Champagne ; & comment détruire la barrière qui existe entre la Champagne & la Lor-

faine, fi on laiffe fubfifter l'impôt de la Gabelle ?
La furcharge de cette double barrière fourniroit
bientôt un prétexte pour affujétir les trois Provinces à cet impôt deftructeur : il feroit le feul fruit
que recueilleroient les Propriétaires de ces Provinces, de l'acquiefcement qu'ils auroient donné au
vœu du Gouvernement, en fe rendant à celui de
la Nation, à laquelle la juftice impofe le devoir
facré, non-feulement de ne point envahir les
propriétés des Habitans de ces Provinces, mais
même de les protéger. Ces trois Provinces, toujours grevées par les furcharges que leur impofent
les guerres du continent, qui ont fupporté des
convois multipliés, des furcroîts de corvées pour
le rétabliffement de leurs routes, avec ce filence,
ce calme, preuve incontestable de leur zèle pour la
caufe commune, n'ont-elles pas acquis par ce fentiment, un titre de plus, & ne doivent-elles pas
efpérer que fi la Nation croit jamais la barrière
néceffaire à la frontière extrême, elle croit encore
qu'un fentiment de juftice plus puiffant ne peut
lui permettre de facrifier aux intérêts du Royaume trois belles Provinces ? Que fi même, après avoir
écouté leurs juftes repréfentations, elle fe déci-
de à adopter le tarif que je préfente, ou tout
autre, en portant la barrière à leur frontière ex-

trême , elle doit faire , de l'acte qui donnera la sanction à cette opération , un monument qui consacre le sacrifice de ces trois Provinces , & rendre à jamais tout accroissement de la charge de ce tarif, impossible.

Je me résume.

La Nation ne peut avoir aucun intérêt à vouloir le reculement des barrières à la frontière extrême du Royaume ; car la Nation ne peut faire du tarif une opération bursale qui ruineroit son commerce ; & si elle en fait une opération utile pour sa protection , qui , mieux que les Provinces qui doivent y être soumises , peut juger si pour elle il remplit cet objet ? ·

Quand la barrière devroit être reculée à la frontière extrême , il faudroit encore attendre la fin du bail général actuel , pour soumettre ces Provinces à ce reculement , puisque , jusqu'à l'époque de l'expiration du bail , l'épreuve qu'elles auroient fait du nouveau tarif qui les sépareroit du Royaume, leur faisant connoître l'avantage d'y être réunies , les y soumettroit volontairement ; enfin , pour les décider à l'accepter , il faut modifier le tarif de manière à ce qu'à l'époque de l'expiration du bail , si l'on croit alors un tarif utile , ce tarif protége toutes les différentes espèces de commerce, auxquelles peuvent fe livrer ces Provinces ; qu'il protége la fortie des bois de futaie de Lorraine & des Evêchés, employés dans les digues en Hollande, la fortie des vins de ces Provinces, & pour cela y modifier les droits de fortie des vins de Champagne & de Bourgogne ; que ce tarif protége même le commerce d'entrepôt ; que les impôts foient dirigés de manière à n'avoir plus à craindre le régime des Aides & des Gabelles ; mettre la Nation dans l'heureufe impuiffance de détruire le commerce des Provinces qui feroient affujéties au tarif ; & en attendant, affimiler le régime de toutes les Provinces fituées au-delà de la barrière, en détruifant toute gêne de commerce, bureau d'acquit, de tranfit & de foraine, qui les féparent les unes des autres, dont elles ne fupporteront jamais le rétabliffement. La Nation doit réfléchir que ces Provinces font grevées d'une furcharge immenfe de réparations de chemins néceffaires à la communication des points militaires, & des troupes qui doivent pouvoir fe porter avec facilité fur ces différens points.

Les convois militaires, les tranfports, qu'occafionnent les marches des troupes, font un nouveau poids aggravant & un impôt réel, ajouté à celui de l'entretien des routes dont ces Provin-

ces

ces sont surchargées ; & quoique ces impôts ne soient point comptés au nombre de leurs contributions dans l'Ouvrage du Premier Ministre des Finances, ils n'en sont pas moins une charge énorme : dans cet Ouvrage, qui sert aujourd'hui à former la base des calculs des opérations de finance, l'on n'y a pas fait mention que les Domaines du Roi, les Salines situées dans les deux Provinces des Evêchés & de la Lorraine, ne sont pas compris dans le role des impositions de ces Provinces, où elles ne payent aucun vingtième, mais que ces domaines & ces salines forment un produit pour le trésor public, en formant une charge aggravante sur ces Provinces, tant par le prix des bois, que par les prestations dues par les possesseurs des terres au Domaine du Souverain.

Lors même que l'on en fera au temps où il deviendra nécessaire, si cela est utile, d'établir la barrière à la frontière extrême du Royaume, ce qui jusqu'à présent est encore très-problématique, & ne peut se connoître qu'à la fin du bail actuel, il faudra encore peser avec sagesse, & après mûr examen, les points où il il pourra être utile de les placer, ces points, je crois les

avoir démontrés , tant pour l'utilité de la Nation , que pour celle des Provinces à la frontière
defquelles feront placées les barrières ; & , dans
ce principe , on ne peut les placer au Rhin ni enfermer le pays de Biche , ni plufieurs parties de
la Franche-Comté , qui feroient trop difficiles à
garder. Je propofe donc que l'Affemblée Nationale fufpende le reculement des barrières
jufqu'à la fin du bail actuel , nomme une Com-
miffion de cinq perfonnes qui , après un examen local des plans & un Mémoire raifonné ,
préfenteroit les moyens & la pofition des lieux ,
mettroit l'Affemblée à portée de juger en connoiffance de caufe où pourroit être placée la barrière , fi jamais cette opération devoit avoir lieu.

Enfin , en attendant les lumières néceffaires
& fans lefquelles il eft impoffible de prononcer
avec fageffe ; que l'Affemblée dérète , dès ce
moment , la fuppreffion de tous droits de tranfit ,
haut conduit , acquits à caution , & de foraine ,
entre les Provinces des trois Evêchés , de la Lorraine & du Barrois , de l'Alface & de la Franche-
Comté , en ordonnant que le produit de ces
impôts vexatoires fera remplacé par un autre
contribution fur le taux de leur produit net ,

déduction faite des frais de perception, de ces droits tyranniques & vexatoires, sur-tout pour les malheureux habitans des Campagnes.

Je m'estimerai heureux si dans ce mémoire, mes Concitoyens reconnoissent le zèle qui m'animera toujours pour leurs véritables intérêts.

LETTRE

Du Comte de Custine à M. de Vergennes, Ministre & Secrétaire d'Etat, au Departement des Affaires Etrangères. De Lille, le 3 Avril 1786.

MONSIEUR,

J'AI l'honneur de profiter avec empressement de la demande que vous m'avez faite de vous tracer les réflexions que pourroit me faire naître l'état des pays que je verrois, pour vous former un tableau de l'Angleterre, telle qu'elle est aujourd'hui. J'ai pu, en la voyant, examiner & connoître les Villes de commerce & les manufactures de tous genres qu'elle renferme, malgré les grandes défiances qui en ferment l'accès aux étrangers, aux François sur-tout ; ayant été adreſſé à un des Banquiers les plus accrédités de ce pays, qui s'eſt fait un plaiſir de contribuer à l'inſtruction de mon fils, pour qui j'ai entrepris mes voyages. Voilà quelle a été le motif de ma curioſité ; je vais tracer le réſultat de mes recherches.

Il eſt en Angleterre un parti très-nombreux de commerçans qui deſirent ardemment un traité de commerce avec la France, mais il en eſt un beaucoup moins nombreux ſans doute, près duquel l'intérêt perſonnel combat ce deſir.

Toutes les Villes de commerce du nord de l'Angleterre, les manufactures du Yorckchire, le plus grand Comté d'Angleterre, & le plus riche, dont les fabrications ſont en étoffes de laine commune, draps, voiles, ſerges ; ſes ports commerçans en vin, eaux-de-vie, draps fins tirés de France, dont la teinture plus eſtimée que celle du drap anglois de même qualité, les fait préférer par cette raiſon, dans le nord de l'Europe où ils l'exportent, deſirent avec ardeur un traité de commerce qui leur procure ces marchandiſes, & leur donne le pouvoir de nous porter celles de eurs fabrications. Le port de Hull, port naiſſant,

& dont les fuccès ont été rapides & non interrompus, n'attend que ce traité pour porter fon commerce au plus haut degré de profpérité.

Les manufactures de Sheffield, de Birmingham, de Manchefter, ne le defirent pas avec moins d'ardeur, pour inonder la France de leur coutellerie, de leur clincaillerie, de leur platille, de leurs étoffes de coton en tous genres, qu'elles ne peuvent plus, depuis les prohibitions, faire parvenir en France qu'avec grande peine, en empruntant le tranfit par la Flandre Autrichienne, & marquant tout ce qu'elles envoient en marchandifes, paffé en fraude par cette voie, des marques ou des noms des manufactures ou ouvriers françois; & pour être hors de toutes recherches, du moment qu'elles ont pu paffer les bornes de l'entrée du Royaume, il fe fabrique de faux connoiffemens; l'on m'a même affuré qu'il étoit des manufactures du Royaume qui en avoient donné.

Le port de Liverpool, qui commence à languir, & qui exportoit des marchandifes avant les Edits prohibitifs; ce port qui fait auffi un grand commerce de vin, defire ce traité.

J'ai été témoin de l'état de langueur où font les manufactures de Birmingham & de Manchefter, & en ai fait le détail à M. le Contrôleur-Général.

G 3

Le tiers des commerçans de Londres defire auffi le traité de commerce pour fe fournir de vins, & des objets dont ils pourroient faire commerce avec l'Efpagne & le Portugal, de même que de ceux néceffaires pour fon commerce interlope avec les Colonies efpagnoles.

Toutes les manufactures dont je viens de parler ont amené la fimplification de leur main-d'œuvre à un tel point, que les manufactures françoifes de clincaillerie & de coton, qui n'ont point encore ces moyens, ne pourroient en foutenir la concurrence. La main-d'œuvre n'eft point chère dans les Provinces de l'Agleterre : l'ouvrier le mieux payé y gagne dix fchelings par femaine ; la pompe à feu employée par-tout à mouvoir des machines qui fimplifient la main-d'œuvre, eft mife en mouvement par le feu de la houille qui, dans toutes les Provinces, eft à très-vil prix ; elle remplace une force d'eau très-confidérable, fait mouvoir des moulins à polir, & des moulins à filer le coton & le carder, qui par ce moyen, peuvent être fervis par des enfans.

Il n'en eft pas de même de ce qui eft des ouvrages de main-d'œuvre à Londres ; ils font d'un prix exorbitant : l'acier qui y eft travaillé, eft d'un prix trop énorme pour trouver du débit en

France ; prefque toutes les foieries d'Angleterre y font fabriquées auffi ; par cette raifon , tous les ouvriers qui font employés à ces travaux , les marchands qui les débitent ne defirent point un traité ; les manufactures du fud de l'Angleterre qui fabriquent des draps fins qui , par leur fécherefle & la qualité de la teinture , ne pourroient foutenir la concurrence des draps françois de cette qualité , ne le defirent pas davantage. A ces raifons déjà très-fortes , fe joint à Londres & dans le fud la crainte de ceux qui font le commerce du rhum ; ils redoutent l'admiffion des eaux de vie françoifes : à leurs craintes fe joignent celles des créanciers des Colons , qui appréhendent de voir diminuer de valeur les plantations qui font le gage de leur créance.

Ces confidérations rendront fans doute le Miniftère Anglois difficile fur les conditions du traité ; il cherchera à les tourner à fon avantage ; mais la fermeté à ne pas conclure fans l'admiffion des eaux-de-vie, des vins, des draps fins, des foieries, avec des droits modérés , finira par faire accepter ces conditions, par la néceffité où fera l'Angleterre de céder , pour foutenir les Villes floriffantes & riches qu'ont formées les manufactures du nord , car leur décadence eft certaine , fi l'on trouve le moyen d'empêcher l'entrée dans le Royaume, de ce qui en arrive encore en contrebande : pendant le laps de temps néceſſaire à la difcuſſion de ce traité, que la fageſſe qui eſt le propre du caractère de M. le Comte de Vergennes, faura fûrement ménager avec art, il eſt néceſſaire de s'occuper de donner aux manufactures des moyens de fimplification & de main d'œuvre que les Anglois ont fi fort perfectionnés ; il fera d'autant plus facile d'y réuſſir, que d'ici à deux ans les plus ingénieux d'entre les manufacturiers de Birmingham & de Mancheſter, feront aifément attirés en France, fi le traité languit, & qu'ils puiſſent craindre de ne le pas voir fe conclure. L'efpoir d'établir un grand commerce en France, qui feroit près de leur échapper en Angleterre, les décideroit ; ce feroit après un fuccès femblable qu'un traité de commerce de la France avec l'Angleterre feroit avantageux au Royaume.

Il eſt auſſi bien néceſſaire, M. le Comte, d'éviter l'admiſſion d'un fyſtême auſſi dangereux que l'a été celui de la banque de Saint-Charles, produit par l'avidité des Banquiers françois qui ont partagé, avec leurs correfpondans, en Efpagne, la hauſſe du prix des actions de cette banque, qui, pour leurs acquiſitions, ont fait fortir tant de fonds du Royaume. Les lettres de change qui les ont payés en Efpagne, ont été retirées par le commerce d'Angleterre, en échange de marchandifes de fes manufactures; les lettres de change données pour les approvifionnemens des armées de terre & de mer, dans les différents pays qui ont été le théatre de la guerre dernière, au-lieu d'avoir envoyé en nature la plupart de ces approvifionnemens en France, ont été auffi retirées en grande partie par l'Angleterre, par le même moyen; la plaie n'a pas été fentie alors, mais elle eft la véritable caufe qui a fait pencher fi fort le change au défavantage de la France. Par là les Anglois fe font procuré un numéraire dont ils manquoient totalement, & qui a donné à la Banque d'Angleterre une richeffe réelle, au-lieu d'une imaginaire. Ces vérités ne font que trop certaines, M. le Comte: il faut auffi chercher, je crois, en attirant les matières d'or & d'argent d'Efpagne, à les payer avec les produits des manufactures françoifes; ce qui ne fera poffible, au moins pour la totalité, qu'en fimplifiant la main-d'œuvre, pour être en état de donner beaucoup d'objets au même prix que les Anglois.

Il n'eft pas moins urgent, M. le Comte, fi l'on veut éviter dans le Royaume l'introduction d'une multitude de monnoies d'or altérées, de mettre en garde le Royaume, par une ordonnance connue jufque dans la campagne, de ne recevoir de monnoie d'or qu'au poids : il fe forme des fpéculations vaftes en Angleterre ; l'or y augmente de prix pour être converti en louis altérés au nouveau coin ; ils le feront par le ritre de l'or, allié à plus d'argent, & par conféquent par le poids. En fixant un poids au-deffous duquel les pièces d'or de nouvelle fabrication n'auront aucun cours dans le commerce, on évitera cet inconvénient : en Angleterre, tout commerçant & particulier à fa balance, & les poids néceffaires pour pefer les guinées & les demi-guinées.

A la paix dernière, le Gouvernement s'eft occupé, en Angleterre, à encourager les pêcheries ; & pour y réuffir, outre les primes données pour le commerce du poiffon, il a profcrit les Américains de fes Colonies, ce qui a fait mettre une grande activité à un commerce dont le débit étoit affuré. Cette difpofition a formé en Angleterre au moins fix mille matelots, de plus qu'elle n'avoit avant la guerre. Ces matelots augmenteront chaque année. La dépopulation en Angleterne eft cependant énorme ; & ces deux vérités, qui femblent fe contredire, fout certaines, mais elles s'expliquent en fachant qu'autrefois l'Angleterre, dans une bonne année, avoit du grain pour fe nourrir pendant près de deux ans & demi, & qu'aujourd'hui la population étant moindre de plus de huit cents mille ames, elle ne recueille pas, la meilleure année, de quoi fe nourrir dix-huit mois ; il n'y a plus, en Angleterre, que de très-groffes fermes. Prefque toutes les terres y font en pâturages ; l'humidité de l'air y fait croître facilement l'herbe ; auffi les beftiaux, en Angleterre, font-ils abondans & à bon marché ; les moutons fur-tout, fourniffent la laine à bas prix. Mais dans l'intérieur de l'Angleterre, aujourd'hui il n'y a plus de petites maifons de fermes, & le peu de Villages qui exiftent font prefque déferts ; la population eft fur les côtes, dans les manufactures multipliées. Tout eft matelot ou ouvrier : j'ai vérifié ce que j'ai écrit depuis le nord de la Province d'Yorck, jufqu'au fud de l'Angleterre, & fur cette côte, ainfi que de l'eft à l'oueft.

J'ai parcouru l'Angleterre entière ; j'ai vu auffi fa marine, fes chantiers de conftruction, & fes magafins de la Tamife, fes ports de guerre, fes fortereffes, dont le grand plan a été rejeté.

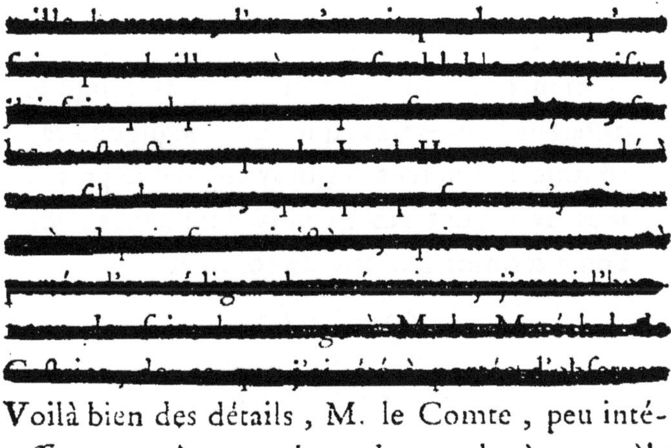

Voilà bien des détails , M. le Comte , peu inté-
reſſans peut-être , mais pardonnez-les à mon zèle
pour la gloire du règne du Roi.

Oſerai-je vous prier , M. le Comte , de m'en-
voyer à Berlin , où je ſerai juſqu'au vingt Mai ,
ou à Saint-Pétresbourg , où je ſéjournerai enſuite
juſqu'au 20 Juillet , une lettre de recommanda-
tion pour l'Embaſſadeur , ou le Chargé des affaires
du Roi à Vienne ? Si vous deſirez , M. le Comte ,
le détail de ce que je verrai ſur le reſte de ma
route , je vous prie de me le mander en même-
temps.

J'ai continué cette correſpondance : j'avois ré-
digé , pour la terminer , un Mémoire ſur la ſitua-
tion politique & les moyens des différens Etats de
l'Europe ; mais M. de Vergennes étant mort à mon
retour en France , je l'ai remis à ſon ſucceſſeur.

Il fembleroit , d'après le rôle qu'a joué la France depuis ette époque , la conduite des différens Souverains, que l'on a négligé ou regardé comme indifférens les moyens que je propofois ; mes avis n'ont pas eu plus d'influence , lorfque l'on a terminé le traité de commerce.